AMORES ETERNOS

FERNANDO GÓMEZ

AMORES ETERNOS

40 CEMENTERIOS ROMÁNTICOS

Ediciones
Luciérnaga

Podrá nublarse el sol eternamente;
podrá secarse en un instante el mar;
podrá romperse el eje de la Tierra
como un débil cristal.
¡Todo sucederá! Podrá la muerte
cubrirme con su fúnebre crespón;
pero jamás en mí podrá apagarse
la llama de tu amor.

GUSTAVO ADOLFO BÉCQUER, «AMOR ETERNO»

Débil mortal no te asuste
mi oscuridad ni mi nombre;
en mi seno encuentra el hombre
un término a su pesar.
Yo, compasiva, te ofrezco
lejos del mundo un asilo,
donde a mi sombra tranquilo
para siempre duerma en paz.

José de Espronceda, «Canción de la muerte»

© del texto: Fernando Gómez Hernandez, 2025.
© de la ilustración de cubierta: Shutterstock

Diseño de la cubierta: Planeta Arte & Diseño
Realización: Planeta

Primera edición: febrero de 2026

© Edicions 62, S.A., 2026
Ediciones Luciérnaga
Av. Diagonal 662-664
08034 Barcelona
www.planetadelibros.com

ISBN: 979-13-87667-43-6
Depósito legal: B. 20.577-2025

Impreso en España – *Printed in Spain*

SUMARIO

PROEMIO

El sonido del móvil me sobresaltó porque no esperaba ninguna llamada. La pantalla mostraba un número de teléfono que no tenía registrado en la agenda. Lo primero que rondó por mi pensamiento fue que se debía de tratar de una oferta comercial, de las muchas que se suelen recibir a lo largo del día. Permanecí unos segundos a la espera de que apareciera «posible *spam*». La frase no hizo acto de presencia y seguía sonando con una insistencia que empezaba a producir molestia. Para finalizar la tortura, decidí contestar y de esa forma dar por concluido el misterio. La sorpresa vino al escuchar una agradable voz femenina, que se presentaba diciendo que telefoneaba de parte de un notario del que no había oído hablar jamás en mi vida. Supongo que el tono de mi voz le hizo adivinar mi extrañeza, y sin darme la oportunidad de que pudiera interrogarla de los motivos por los cuales se había puesto en contacto conmigo, se dio prisa en informar que mi nombre era citado en un testamento y, sin darme tiempo a reaccionar, se apresuró a informarme del nombre del fallecido. De primeras no me sonaba de nada y así se lo hice saber. La voz que salía del teléfono pronunció correctamente mi nombre y mi dirección para, a continuación, preguntarme si yo era esa persona. En ese preciso instante, como una revelación, me vino un rostro a la mente. Sentí una enorme pena al estar casi seguro de que el fallecido que me había incluido en su testamento no podía ser otro que el encantador anciano que me había alegrado las horas de muchos días, contándome cientos de anécdotas ocurridas en cementerios, cárceles y manicomios, resultado de sus viajes, un tanto excéntricos, alrededor del mundo. Cuando reaccioné a la noticia, quedé en acercarme el día siguiente a media mañana por la notaría.

Tal como habíamos acordado a eso de las once, me presenté. Es curioso, el blanco de las paredes de esas oficinas siempre me recuerda a los ambulatorios en la misma medida que los ambulatorios me traen a la memoria las notarias. Me recibió una chica que se presentó diciendo que era la persona con quien había hablado. Después de un saludo formal, me hizo pasar a una gran sala en la que podía verse una mesa ovalada en la que me esperaba el notario, quien —después de saludarme y siguiendo el protocolo— se dispuso a hacer la lectura del testamento de un modo, para mi gusto, excesivamente ceremonial.

Me notificó, sin hacer excesivo hincapié, que el difunto había legado la totalidad de sus bienes a una congregación religiosa que regentaba la residencia en la que había pasado los últimos años de su vida. Unas líneas más abajo de esa donación aparecía mi nombre. En ese momento dirigió su mirada a mis ojos para, segundos después, descenderla hacia el papel y continuar la lectura del acta notarial: «Quiero que este sobre le sea entregado a... —pronunció mi nombre y mis dos apellidos—, quien me acompañó tantas horas, y tan feliz me hizo, al darme pie a recordar lo que en su día había vivido y estaba a punto de olvidar».

Después de esa frase fue cuando me hizo entrega de un sobre que desde el comienzo de la lectura había permanecido a mano derecha de la documentación. Al palparlo, noté que en su interior contenía folios, intuí que encuadernados. Cuando me hubo entregado el sobre, aprovechó para darme el más sentido pésame sin haber adivinado la relación que nos unía. Contesté «gracias», al no encontrar palabra más apropiada. Mientras, firmaba un documento oficial por el cual aceptaba la donación.

No quise cometer la vulgaridad de comprobar el contenido del sobre delante del notario, quien en esos momentos se dedicaba a poner el capuchón a su Montblanc Meisterstuck después de haber puesto un visado en una esquina, una por una, de todas las hojas del testamento.

Al llegar a casa, lo primero que hice fue utilizar mi índice como abrecartas, lo que ocasionó que me produjese un ligero corte en la yema. Tal como suponía, había unos folios encuadernados con una espiral de plástico. Un par de gotas de mi sangre mancharon el folio que hacía la función de portada y donde podía leerse resaltado en negrita *Amores eternos: 40 cementerios románticos*.

No me demoré en pasar la hoja, y empecé con inquietud su lectura mientras me chupaba el dedo pulgar para evitar manchar de sangre más páginas.

PRÓLOGO

Estimado amigo, volvemos a encontrarnos cuando tanto usted como yo teníamos serias dudas de que eso volviera a suceder. Al caprichoso destino le gusta jugar con nosotros como si fuéramos peones de una improvisada partida de ajedrez, en la que siempre nos toca jugar con fichas negras. Siento no poder saludarle en persona, porque como le habrá notificado el notario, a estas horas llevaré varios días muerto. Me consuela agarrarme a la brillantez de mi admirado Tom Wolfe, que con su fino humor e incisivo sarcasmo nos dejó escrito que «la muerte es el último viaje, el más largo y el mejor». Algún día, espero que aún tarde mucho en ocurrir, usted también realizará ese viaje sin retorno. Por eso le animo a que disfrute al máximo de su vida. Las horas son tan cortas que no debemos despilfarrar ni un solo segundo de ellas.

Recordaba hace unos meses con nostalgia las conversaciones que mantuvimos y la atención que prestaba a lo que le iba contando en nuestros encuentros. Tengo la esperanza de que esa atención fuera por interés más que por educación o cortesía. En esas nostalgias andaba absorto cuando caí en la cuenta de una serie de situaciones que se me habían olvidado contarle. Me pareció injusto que fueran enterradas conmigo sin compartirlas con quien siempre ha sabido escucharme. Por ese motivo decidí que debía escribirlas, pero no con la vanidosa intención de dejarlas a la posteridad, sino para que usted —en la medida de lo posible— las disfrute como si estuviera escuchándome.

Las historias que contienen el montón de hojas que le remito tratan de dos motivos a primera vista opuestos, pero que en muchas más ocasiones de las pensadas son complementarios: el amor y la muerte. Lo que pretendo contarle son amores que han vencido al tiempo y al olvido, y que he ido encontrando en mis visitas a un buen número de cementerios repartidos por el mundo. Intentaré transmitirle, lo más acertadamente posible, las sensaciones que me produjeron el ver las tumbas de esos amores eternos. No pienso ordenarlas cronológicamente para no confundirme. Cuando llegue a mi edad, se dará cuenta de que el orden de los recuerdos no sigue ninguna lógica. La mente de un anciano no distingue con claridad lo que floreció en la juventud de lo que se marchitó en su vejez.

No espere que lo que sigue sea un tratado sesudo sobre el amor y la muerte, sería un error por mi parte atribuirme más sabiduría de la que Dios dio a bien el repartirme. Mi deseo principal es no defraudarle o —lo que sería más detestable— aburrirle, porque como dejó escrito Ramón Gómez de la Serna, «aburrirse es besar a la muerte» y ese no es mi deseo para usted.

¡Me pongo pues a la labor!

1

CAMINANDO ENTRE LOS MUERTOS DE PARÍS

(Francia)

Conoce de sobra la querencia que siento por París, a veces temo que quizá un poco exagerada. En las conversaciones que hemos mantenido no he dejado pasar la oportunidad de mostrarle mi amor por esa ciudad. El porqué despierta en mí un atractivo superior al del resto de ciudades, con algunas excepciones, no sé explicarlo, y aunque nunca he tenido intención de buscar una razón, soy de los que, emulando a Blaise Pascal, está convencido de que «el corazón tiene razones que la razón ignora».

En París vivió durante muchos años uno de mis cuñados. Soltero y *bon vivant*, habitaba un coqueto inmueble situado en el bulevar Malesherbes. El piso era espacioso y siempre tenía dispuesta, para mi esposa y para mí, una habitación de matrimonio en la que podíamos alojarnos cada vez que nos apetecía acercarnos a París. Sentado en una silla al lado de la ventana, se podía admirar la cúpula de la iglesia de San Agustín. Esos viajes son el motivo por el cual conozco casi como un nativo la ciudad, al ser muchas las veces que mi cuñado nos invitaba a que le hiciéramos compañía. En esas estancias es cuando me familiaricé con la ciudad, y adquirí la costumbre y la pasión de visitar sus cementerios. En esas escapadas nunca me acompañó mi esposa, al ser lugares que no le producían la más mínima atracción.

1. Cementerio de Père-Lachaise

Del cementerio de Père-Lachaise, pocas cosas más puedo añadirle a las que le dije hará unos ocho años. En sus muros reposan Abelardo y Eloísa, que supusieron la más importante historia de amor de la Edad Media, pero como considero que se la conté con bastante lujo de detalles paso de largo, al ser mi intención hablarle de amores que no aparecieron en ninguno de mis anteriores encuentros.

Una tarde de otoño, paseando por los tranquilos senderos del cementerio de Père-Lachaise me percaté de que sobre una tumba había un montón de hojas secas que impedían leer el nombre de quienes estaban enterrados. Me acerqué a quitarlas de encima de la losa. Aparté las hojas con cuidado, empujándolas con la palma de la mano, y descubrí grabado «Amedeo Modigliani», y debajo un epitafio: «Llamado por la muerte cuando había llegado a la gloria». Seguí bajando la mirada y descifré el nombre de Jeanne Hébuterne, quien también contaba con otro epitafio: «Compañera devota hasta el sacrificio extremo».

El amor vivido por Jeanne Hébuterne y Amedeo Modigliani es una de las pasiones más trágicas en la historia del arte. ¡Aquí se hallaba la primera historia de todas las que pienso contarle!

Jeanne tenía un sueño, convertirse en una pintora de renombre. Su hermano mayor, André, la había ayudado a entrar en contacto con la comunidad artística, que por entonces tenía su cuartel general en el barrio de Montparnasse. Enseguida, el carácter extrovertido y la hermosura de la muchacha le hizo granjearse la amistad de varios de los artistas del barrio, gracias a lo cual le fueron abiertas las puertas de sus estudios para posar como modelo. En Jeanne resaltaban sus brillantes ojos azules y sus dos largas trenzas, que le daban un aspecto aún más juvenil. Los pintores para los que servía de modelo quedaban prendados de su naturalidad y frescura.

Con la intención de perfeccionar su técnica y hacerse un nombre como pintora, Jeanne ingresó en 1917 en la Académie Colarossi, una de las pocas escuelas de arte que aceptaban estudiantes femeninas y la única en que los modelos masculinos se mostraban desnudos ante las alumnas para que pudieran tomar apuntes del natural. En esa prestigiosa academia conoce a un pintor de relativa fama dentro de la bohemia de París, su nombre: Amedeo Modigliani. La primera mirada que cruzan es un aviso de que han nacido para ser pareja. Los dos son hermosos. Ella tiene diecinueve años, está empezando a descubrir sensaciones nuevas; Amedeo, italiano de nacimiento, ejercía de parisino desde hacía once años, ha cumplido los treinta y tres, y acarrea una larga lista de amantes. Sobre Modigliani dijo Pablo Ruiz Picasso que era el único hombre con estilo que había en París.

Amedeo y Jeanne se aman. La diferencia de edad solo son números y el amor no entiende de matemáticas. Deciden vivir bajo el mismo techo, necesitan compartir sus vidas las veinticuatro horas del día.

La tumba en que descansan Amedeo y Jeanne es un sepulcro sencillo, como lo era la pintura de Modigliani. Nada solicita nuestra atención, ningún detalle hace que destaque de las demás que la rodean.

Los hilos del destino comienzan a enredarse. «El destino —dijo Shakespeare—, es quien baraja las cartas, y nosotros quienes jugamos la partida.» Los padres de Jeanne, fervientes católicos, solo añaden inconvenientes a que se consume la unión de su hija con un judío sefardí como es Modigliani. Para ellos, no era un artista, sino un borracho, un prisionero de la absenta que consume como si fuera agua. Le llaman pervertido y prohíben a su hija que continúe la relación.

Como en una buena novela romántica, Jeanne se niega a hacerles caso. Los padres no descubren a Jeanne nada nuevo, ella también sabe que Amedeo está alcoholizado, igual que también sabe que consume opio, aunque tiene la esperanza de que con su ayuda pueda abandonar esos hábitos de la misma manera que ha abandonado, nada más conocerla, la compañía de otras mujeres.

Los padres de Jeanne, al comprender que no pensaba alejarse del pintor, decidieron retirarle la ayuda económica y cortaron todos los lazos familiares. Esas amenazas no tienen la fuerza suficiente para separarla de Amedeo y los dos amantes deciden irse a vivir juntos.

Jeanne se convierte en la inspiración de Modigliani y pasa a ser el tema recurrente de gran parte de los cuadros del artista, quien llega a pintar a su amada en más de veinte lienzos en el transcurso de los poco más de tres años que duró su relación. Retrata a Jeanne con el rostro alargado y melancólico, en el que resaltan sus ojos almendrados.

La vida no sonríe a la pareja. El carácter bohemio del artista hace que malvenda o regale las obras que pinta. Pasan privaciones, a lo que se une la fatalidad de que Modigliani padece tuberculosis, además de su adicción al alcohol y las drogas, ya nombrada.

En julio de 1917 da la sensación de que la vida de la pareja empieza a enderezarse. Se instalan en el taller que el pintor poseía en el barrio de Montparnasse y tiene la suerte de que se le abran las puertas a su primera exposición. Puede ser su gran oportunidad para que París le descubra y por fin alcance la fama que merece. Esa exposición fue la primera y única que realizará en vida. El primer día en que se abrió al público, fue clausurada debido a los numerosos desnudos expuestos, que las autoridades consideraron indecentes.

Una pareja se acercó a la tumba. Me saludaron con una sonrisa, les sonreí yo también. La muchacha se inclinó y dejó sobre la losa del sepulcro un dibujo sobre el que colocó unas piedras para que no se lo llevara el viento. Después de un par de minutos, se marcharon dedicándome una nueva sonrisa, a la que correspondí del mismo modo. Sin palabras, nos habíamos confesado nuestra admiración por Modigliani.

En otoño de 1918, Amedeo y Jeanne deciden cambiar de aires y fijan su residencia en Niza. Tenían la confianza de que su cálido clima favorecería la curación del pintor y que allí podría vender algunas de sus obras a la acaudalada burguesía que pasa largas temporadas en la Costa Azul.

En Niza será donde Jeanne dé a luz a su primera hija. A causa de la escasez económica que atraviesan, toman la decisión de entregar a la niña a una institución que le asegurara los cuidados que ellos no podían proporcionarle. Solo ponen una condición, y es que nunca la entreguen en adopción.

Nada de lo soñado se cumple en Niza. Deciden regresar a París en la primavera siguiente. Los infortunios no les dan tregua. Jeanne se vuelve a quedar embarazada. La situación económica de la pareja se torna más precaria. No pueden hacer frente a las deudas y no hay nadie que les fíe, al haberse corrido la voz por Montparnasse de que eran incapaces de devolver lo prestado. Cada día iba siendo más corrosiva la tuberculosis en Modigliani.

El 24 de enero de 1920, Amedeo se encontró mal y fue trasladado al hospital. Había pasado la noche callejeando, de tugurio en tugurio, cuando debería haber estado abrigado en cama. Los médicos nada pueden hacer para salvarlo. Esa fría noche de enero fallece a causa de una meningitis tuberculosa.

El viento movió la piedra y el dibujo que depositó la joven salió volando. Por suerte, lo recuperé antes de que se perdiera entre unas tumbas a las que no iba destinado. Era una copia bastante conseguida de uno de los cuadros de Modigliani en que se muestra a Jeanne con collar, sombrero y unos cautivadores ojos color turquesa. Volví a colocarlo encima del sepulcro, esta vez bajo una piedra lo suficientemente pesada para que el viento no pudiera moverla.

Jeanne andaba por el octavo mes de embarazo. Sin Amedeo, ya no le quedan fuerzas para continuar luchando. Cuando regresó del entierro, se encerró en una habitación de la casa de sus padres, que habían vuelto a abrir las puertas a la hija pródiga. Mientras la familia conversaba en el comedor sobre el futuro que debían buscar para ella, para su pequeña hija entregada años atrás al hospicio y para la niña que estaba a punto de nacer, Jeanne —la bella muchacha de pelo largo y ojos almendrados— se lanzaba por la ventana de un quinto piso del 8 bis de la *rue* Amyot.

Miré una vez más el sepulcro de Modigliani, y descubrí que la muchacha tenía veintidós años cuando se suicidó. Nuevamente, paré a releer el epitafio de Jeanne Hébuterne: «Compañera devota hasta el sacrificio extremo».

No hay forma de resumir mejor los años que Jeanne vivió en compañía del pintor. En otras circunstancias y de no haberse enamorado, sus vidas hubieran discurrido por caminos muy diferentes. Jeanne mostraba una asombrosa madurez en la pintura, es una pena que su talento quedase eclipsado por el protagonismo de Modigliani. Sacrificó sus dotes artísticas y su existencia por amor. Por tercera vez releo: «Compañera devota hasta el sacrificio extremo».

Del sepelio de Amedeo Modigliani dejó escrito el periodista Corpus Barga: «Al entierro de Modigliani asistió todo Montparnasse, desde Picasso hasta el último mono. Desfilaron en el depósito, por delante del cadáver, pintores de todas las nacionalidades; cada cual saludaba según su rito, con el sombrero, con la cabeza, con los brazos o con el cuerpo».

A los amantes los enterraron en tumbas separadas. Los padres de Jeanne culparon al difunto Modigliani del suicidio de su hija y se negaron a que fuera sepultada junto a quien consideraban que había conducido a su hija a la destrucción.

Al mirar la tumba, sorprende que no están enterrados separados como ordenó la familia Hébuterne. Diez años después de las muertes, el hermano mayor de Amedeo logró convencer a la familia de Jeanne de trasladar sus restos junto a su amado.

Ya nada me retenía en el cementerio de Père-Lachaise. Abandonando el recinto, escuché el viento rozando las ramas de un castaño y lo confundí con la voz de Modigliani: «La felicidad es un ángel con rostro serio».

2. Cementerio de Montparnasse

La mañana se había levantado soleada, y mientras mi esposa se había preparado para recorrer las tiendas del Faubourg Saint-Honoré, yo tomaba la línea 13 del metro en Saint-Lazare, dirección Châtillon Montrouge. Nuestras diversiones eran diametralmente opuestas y quizá fuera por esas insignificantes diferencias y ese respeto a nuestras libertades que nos quisimos tanto.

Me bajé en la estación de Gaîté, a dos pasos del cementerio de Montparnasse. Nada más entrar, sorprende ver en el interior del cementerio un molino que tiene la particularidad de estar desprovisto de aspas. La explicación es que el camposanto está situado en un terreno en el que antiguamente se encontraban tres granjas, y queda en pie esa torre de unos de los muchos molinos de harina que funcionaban en esas tres haciendas.

En el caminar por los senderos iban apareciendo en las veredas nombres que me resultaban familiares. Al pasar por el costado de la tumba de Charles Baudelaire, se echa en falta el epitafio que escribió con la intención de que fuera colocado cuando llegara la hora de su muerte, pero al final nadie acabó cumpliendo su deseo: «Aquí yace quien por haber amado en exceso a las busconas descendió joven todavía al reino de los topos».

En la ruta me llamó la atención un buen número de macetas sobre la lápida de la escritora Marguerite Duras. En el tiesto de mayor tamaño había hincados en la tierra lápices y bolígrafos, quiero pensar que como muestra de cariño de quienes admiran sus obras y pretenden escribir algún día una novela que los encumbre. Quizá a cada una de esas personas Marguerite les obsequie con una de sus frases magistrales: «Un escritor no es ni hombre ni mujer: es escritor».

Aquel día de inicios de primavera deambulaba con la idea fija de descubrir el paradero de una escultura, de la que había oído hablar y hasta la fecha no había podido ver en ninguna de mis visitas. Antes de acercarme al destino, decidí pasar por una sepultura en cuyo cabezal, que cuenta con un arco griego sujetado por dos columnas, se halla escrito el nombre de mi admirado Guy de Maupassant.

Maupassant publicó un cuento con el título «El beso». En esa narración corta y escrita en forma epistolar, una señora de avanzada edad ofrece sabios consejos sobre el amor y el arte de amar a su sobrina, quien vive en un estado alterado, afligida por el abandono de su esposo. A través de reflexiones le habla del poder del beso: «El encuentro de los labios es la sensación más perfecta, la más divina que se ha dado a los seres humanos, el límite supremo de la felicidad».

Esa parada en la tumba de Maupassant y recordar ese pasaje estaba más que justificado, porque lo que andaba buscando en el cementerio de Montparnasse era un beso.

El beso del que le hablo es una escultura colocada sobre la columna cuadrada de una sepultura, que en su base tiene una foto de color sepia. La fotografía muestra una mujer delgada con semblante serio. En la lápida se nos descubre que se llamaba Tatiana Rachewskaia y nos informa de que falleció a los veintitrés años, en 1910.

Tatiana, la mujer de la foto, era una joven adinerada de Kiev. La totalidad de la documentación que he podido localizar sobre ella la señala como pariente de León Tolstói. Pocos datos biográficos más sabemos, a excepción de que su nombre está presente en la novela *Los años y los hombres* del escritor revolucionario ruso Iliá Ehrenburg, donde la describe, sin aportar más datos, como la hermana de su camarada Vasea. Hay breves noticias de que sus ideas anarquistas la llevaron a la cárcel y que más tarde se marchó a París, donde se matriculó en la Facultad de Medicina de la Sorbona. Es allí donde surge el amor, al conocer al médico de origen rumano Salomon Marbais.

En estos momentos, la historia se ve envuelta en una nebulosa que nos priva de obtener más datos de la relación. No contamos con documentos que expliquen lo ocurrido entre agosto de 1910, en que se unen en matrimonio, y finales de noviembre de 1910, cuando la hermana de Salomon Marbais descubre a Tatiana muerta en su habitación. Se había suicidado.

No voy a especular, porque con toda probabilidad me equivocaría en las conclusiones. No sé el motivo que la indujo al suicidio. Hay versiones para todos los gustos, que van desde la más romántica (por amor) hasta la más prosaica (a causa de una enfermedad incurable). Lo que sí sé es que la familia de Tatiana viajó de Kiev a París y compró un espacio en el cementerio de Montparnasse donde pudiera ser enterrada.

Salomon Marbais quedó derrumbado por la tragedia y se propuso honrar a quien había amado desde lo más profundo de su ser. Recurrió a un amigo rumano, el por entonces incipiente, pero no reconocido, escultor Constantin Brâncuși, para comprarle uno de sus trabajos con el deseo de que decorara la parte superior de la tumba de su esposa. Esa obra comprada a Brâncuși era *El beso*, y costó la irrisoria cantidad de doscientos francos.

Recorría con tranquilidad el cementerio, no en busca de una pasión amorosa, sino de la demostración más visible del amor, un beso. Y después de un rato lo localicé. Por fin tenía delante tan ansiado beso. Un bloque calcáreo de noventa centímetros de altura, que se muestra humildemente sobre una estela. La obra representa las figuras de un hombre y una mujer fundidos en un profundo beso. La figura femenina se diferencia por el ligero abultamiento del pecho que invade el espacio de la figura masculina. Sus labios sobresalen para fusionarse como si solo fueran uno. Brâncuși concibe la escultura como un bloque, las figuras apenas están perfiladas y trabajadas. La tosquedad del conjunto contrasta con la sencillez de las formas de los personajes.

Esa obra maestra es una más de las grandes creaciones que el escultor rumano realizó en su vida. A medida que iban pasando los años, Constantin Brâncuşi se convirtió en un escultor famoso y cotizado. Sus obras fueron alcanzando precios astronómicos. En este momento, hace su aparición un astuto comerciante de arte que, conocedor del valor que alcanzaría en el mercado esa obra primeriza de Brâncuşi, idea un sistema para convertirse en el marchante de esa joya. Los primeros pasos los encamina a intentar dar con el paradero de los seis herederos de Tatiana. Descubre que viven en Ucrania y allí se dirige para decirles que son los propietarios no solo de la tumba, sino también de la escultura que la adorna. Les comenta que el valor estimado si fuera subastada ascendería a 50 millones de dólares. Los herederos hacen cálculos mentales de cuánto les quedará limpio a cada uno. Lo que nació siendo una historia de amor se acababa de convertir en una historia de avaricia.

Se inicia a partir de entonces una prolongada batalla entre los herederos y el Gobierno francés. Los beneficiarios esgrimen su derecho a ser los propietarios legales de la escultura y el Estado cataloga la obra como monumento histórico, sin pedir el consentimiento de los supuestos propietarios, y toma la decisión de taparla con una caja protectora de madera hasta que la propiedad no quede claramente estipulada.

La tumba de Tatiana Rachewskaia se ha convertido en el sepulcro más disputado y debatido del cementerio de Montparnasse. La verdad es que no puedo decirle si aún hoy puede verse la escultura o solo esa caja de madera que la oculta. Le dejo a usted la misión de averiguarlo el día el que camine entre las cruces del cementerio parisino.

Aquel día, antes de retirarme, me acerqué a hacer una visita a la tumba de Brâncuşi, que también puede visitarse en el mismo cementerio. La encontré austera y sin nada que sea remarcable de ser contado. Ante esa tumba y pensando en la obra que acababa de ver minutos antes, recordé la primera película en que los protagonistas se dieron un beso apasionado en los labios. La película data del año 1896 y la filmación la realizó Thomas Alba Edison. La escena dura escasamente medio minuto. En ella, May Irwin y John Rice, los actores protagonistas, charlan unos segundos de ese medio minuto. Después, el varón se atusa el bigote y se besan en los labios. Su exhibición causó un verdadero escándalo. Un considerable número de espectadores denunciaron el carácter obsceno del beso, y miembros de la Iglesia católica solicitaron que fuera censurada, quitada de la pantalla y que los espectadores que la habían visto fueran excomulgados. Los periódicos la describieron con calificativos como «repugnante» y la consideraron un insulto a la decencia. Ese primer plano ofendió a los puritanos, que llegaron a pedir la intervención policial en las salas donde fuera reproducido el corto y que no se tuvieran miramientos contra los espectadores que adquirían la categoría de viciosos. ¡Todo ese escándalo por un simple beso!

Me alejé con destino a la casa de mi cuñado sin quitarme de la cabeza la estatua de Brâncuşi, mientras en mi pensamiento apareció, sin aviso, un corto diálogo de la obra de teatro *La trágica historia del doctor Fausto*, del autor inglés Christopher Marlowe: «Hazme inmortal con un beso».

3. Cementerio de Montmartre

En el cementerio de Montmartre, como también ocurre en el de Père-Lachaise y en el de Montparnasse, están enterradas un buen número de personas ilustres. En el recorrido me detuve ante la lápida de la tumba de Stendhal, donde pude leer lo que rezaba el epitafio que alguien con acierto había ideado: «Escribió, amó, vivió».

Esa mañana estaba paseando por las mismas sendas que debieron de caminar un mediodía de 1855 una pareja de enamorados. Ella se llamaba Léonie; él, Daniel. Una desgracia los había conducido a París desde Burdeos, que era donde vivían. Acababan de asistir al funeral de uno de sus conocidos.

Léonie caminaba despacio a consecuencia de hallarse en un avanzado estado de gestación. Por el tamaño de su vientre no era aventurado predecir que esperaba gemelos.

En el recorrido en busca de la salida, y rodeados de sepulcros y lápidas, les da por pensar en la muerte, no en la muerte del conocido que acaban de enterrar, sino en la muerte que algún día irá a su encuentro. Temen que la muerte, en lugar de unirlos para la eternidad, sea la que se encargue de separarlos durante esa misma eternidad. Su gran pesar es que no podrán ser enterrados juntos. La religión, en lugar de cobijarlos bajo un mismo techo, será quien se encargará de separarlos. La joven Léonie Carlier era cristiana; Daniel Iffla Osiris, judío.

Desplazándose por la ruta que los conduce al exterior, Léonie hace prometer a Daniel que cuando le llegue la hora final, si ella es la primera en morir, le elija una sepultura lo más cerca posible de la parte judía para que exista la menor distancia entre los dos. Daniel en esos momentos intenta bromear, pero para Léonie no es una broma. Ante su insistencia, Daniel acaba prometiéndoselo.

Al día siguiente al entierro, la pareja regresa a Burdeos. Es corto y desconocido el camino que separa la felicidad de la tragedia. La mañana del parto murieron la madre y los gemelos. Para Daniel no hay consuelo posible. Es una pérdida irreparable. Todo cuanto le rodea le recuerda a la mujer con quien soñaba envejecer. Nota que el futuro no tiene ningún sentido. El dolor es tan grande que convierte el dormitorio que compartía con Léonie en un santuario, donde cada detalle le trae un recuerdo y tiene un significado. Da la orden al servicio para que no se mueva ningún objeto de los que se encuentran en la estancia. Prohíbe que cambien las sábanas de la cama y ordena que el lecho permanezca tal como estaba cuando murió.

Los cuerpos de Léonie y de los pequeños fueron enterrados en Burdeos. A partir de ese momento, la vida de Daniel Iffla sufre una transformación. Encauza sus esfuerzos en ayudar a sus semejantes, dedicándose a auxiliar a los más necesitados. Comienza una cruzada para demoler el indigno muro que separa a judíos y a católicos en el cementerio de Montmartre, para que caiga como lo hicieron las murallas de Jericó. La palabra dada a Léonie es sagrada y debe ser cumplida. No existe ninguna otra misión de mayor importancia en su vida. No le asusta tener que enfrentarse en esa lucha a la Administración ni a los poderes que se le crucen en el camino.

A la lucha emprendida por Daniel Iffla ayudó la resolución del asunto Dreyfus, del que ya le hablé en mi paso por el penal de la isla del Diablo. El caso Dreyfus removió los cimientos de la sociedad francesa y los cambios no se hicieron esperar en las relaciones con la comunidad judía. La pared que separaba el cementerio judío fue derribada, con lo que se logró que personas de diferentes religiones pudieran reunirse en la misma tumba.

Ese hecho consiguió que Daniel pudiera transportar el cuerpo de Léonie y de los gemelos desde Burdeos al cementerio de Montmartre, en París. La bóveda familiar de los Iffla se volvió a abrir para que pudieran ser enterrados.

Ese panteón familiar en que se hayan sepultados Daniel y Léonie es de visión obligatoria en la visita al cementerio. En su parte superior, una figura impresionante mira con solemnidad, como si tuviera la intención de juzgarnos. Se trata de una estatua monumental, una copia perfecta del *Moisés* de Miguel Ángel. La elección de Moisés tiene su explicación, por ser un profeta reconocido por igual tanto por judíos como por cristianos.

De lo que sintió Daniel Iffla al enterrar a su esposa y a los gemelos en Montmartre tenemos cumplida constancia, al dejarlo escrito en una especie de diario: «Luché con mi corazón de esposo. Llegué después de treinta años de luchas de todo tipo para ocupar, definitiva y perpetuamente, el terreno que ella había designado. Acabo de reconocer mi lugar. Es a sus pies donde dormiré mi último sueño».

Daniel Iffla murió en 1907. Medio siglo después del fallecimiento de su querida Léonie se unió a ella. En el testamento, hizo donación de su fortuna, que ascendía a 30 millones de francos, al Instituto Pasteur, quienes utilizarían ese donativo unos años más tarde para la creación del Instituto Radium17, donde realizará sus descubrimientos Marie Curie.

Me alejé del imponente Moisés y volví a moverme sin rumbo entre tilos, arces y castaños. Me detuve unos segundos ante una tumba de mármol negro brillante que sin pretenderlo me recordó el celuloide de una película cinematográfica. Era la tumba del director de cine François Truffaut.

Continué mi vagabundear y no pude evitar pararme ante un majestuoso sepulcro que en su parte superior llevaba escrito «Alejandro Dumas hijo». Su tumba forma una especie de dosel sostenido por cuatro columnas, bajo el cual una figura yacente lo representa. En el techo leí una inscripción: «Me constituí en mi vida y en mi muerte, lo cual me interesa mucho más que mi vida, porque esta es solo parte del tiempo y aquella de la eternidad».

Ese epitafio está entresacado de una de sus obras de teatro, *La mujer de Claude*, pero su obra fundamental, por la cual ha alcanzado el Olimpo, es *La dama de las camelias*.

Acepte un consejo. No reniegue por costumbre de las novelas románticas, porque entre ellas hay cosas bastantes interesantes. Una de las más populares es la citada, cuya protagonista es Margarita Gautier. Le confieso que a cada nueva lectura disfruto más de esta obra, quizá sean cosas de la edad.

Me despedí de Alejando Dumas hijo y no muy lejos me topé con una nueva sepultura. En uno de sus laterales se informaba que dentro descansaba Alphonsine Plessis. Con una simple resta de las fechas que se hallan talladas, descubrí que falleció a los veintitrés años. Contemplé un dibujo apoyado en la lápida donde se podía ver a una mujer con una camelia blanca sujeta en el escote. Ese detalle me hizo caer en la cuenta de que se trataba de Marie Duplessis, en quien está basada la protagonista de *La dama de las camelias* y la Violetta Valéry de la ópera *La Traviata*.

En cuatro frases cortas, como si se tratara de un telegrama urgente, le voy a describir a Marie Duplessis. Nace en una pequeña localidad de la Baja Normandía, rodeada de pobreza, hambre y suciedad. A los cinco años su madre la abandona. A los doce, su padre alcohólico la hace dedicarse a la prostitución. Huye a París. Su belleza produce sensación en los salones a los que asiste y va cosechando amantes entre la aristocracia que la refinan, y acaba convirtiéndose en la más importante cortesana de la ciudad. Arruina a hombres, vidas y bolsillos. El hijo de Alejandro Dumas es uno de sus amores fugaces. Muere a los veintitrés años, como ya he dicho que indica su tumba.

Me disponía a abandonar el cementerio, y en el recorrido hacia la salida me paré a mirar una nueva tumba que se presentaba frente a mí. Era una estatua blanca que representa a una mujer con un vestido largo y melena leonada; unos rayos dorados pueden observarse a su espalda. Se reconoce fácilmente que se trata de la cantante Dalida, una mujer que fue un símbolo en Francia.

En 1967, con treinta y cuatro años, Dalida conoció a un muchacho italiano estudiante de Literatura llamado Lucio. Era doce años más joven que ella. Esa diferencia de edad no fue obstáculo para que vivieran varias noches de ensueño y pasión. Sin preverlo, quedó embarazada. Ante esa circunstancia decidió abortar en un periodo en que era ilegal hacerlo en Francia y en Italia. Transgrediendo a escondidas la ley, abortó. A consecuencia de la operación, quedó estéril. Fue tan grande su depresión que estuvo tentada de suicidarse; por suerte, no lo hizo.

Saliendo del cementerio escuché que desde lejos la estatua de Dalida declamaba un pensamiento...; más acertado sería decir una reflexión: «Cuando dicen "te amo", quieren decir "ámame"».

Sugerencias

Imitando en cierta medida a lo que ya realicé cuando le envié las cartas sobre los manicomios en el periodo que tuvimos que convivir con la maldita pandemia, me gustaría añadir al final de cada capítulo unas sugerencias relacionadas con los personajes o con las historias de las que le hablé en el capítulo. Aprovecharé ese apartado para recomendarle una película, un cuadro, un libro, una canción y algo relacionado con el arte funerario que me gustaría que se acercara a visitar.

Película: *El amante del amor*, dirigida por François Truffaut en 1977. En esa película, el amor es el centro de la existencia del protagonista. Recuerdo a la perfección lo que le pronuncia una de sus amantes y que se me quedó indeleblemente grabado en la memoria: «Tú crees que amas el amor, pero lo que amas, en realidad, es la idea del amor». Las escenas iniciales, así como las finales, fueron rodadas en el cementerio de Saint-Lazare de Montpellier. Por cierto, si un día pernocta en esa ciudad y tiene unas horas libres, no se resista a visitarlo. No le defraudará.

Pintura: la mayor cualidad de las obras de Modigliani, siempre según mi criterio y gusto, era la sencillez de sus trazos, las líneas limpias y la elegancia de sus diseños. No se prive de localizar alguno de los cuadros en que plasmó a su musa Jeanne Hébuterne. Mi preferido, que no tiene por qué ser el suyo, es el que vi dejar sobre la tumba del Père-Lachaise. En unas precisas y nada sobrecargadas pinceladas, se ve a Jeanne con un sombrero negro y un collar con cristales turquesa a juego con sus ojos. El rostro de la muchacha, alargado y frío, acaba cautivando.

Libro: ¿recuerda que le conté que Amedeo Modigliani y Jeanne Hébuterne tuvieron una hija que entregaron a un hospicio? Pues a la muerte de sus padres fue adoptada por la hermana del pintor, y pasados los años, ya adulta, se decidió a escribir una biografía de su padre con el título *Modigliani sin la leyenda*. Se lo recomiendo.

Canción: «Il venait d'avoir dix huit années» («Acababa de cumplir dieciocho años») cantada por Dalida. La letra, con tintes biográficos, nos habla de la relación entre una mujer madura y un chico de dieciocho años. La mujer, a la mañana siguiente, cuando el joven se va, se enfrenta a su soledad. La canción fue un sonado éxito.

Arte funerario: quiero hablarle de la tumba del gran bailarín ruso Rudolf Nuréyev, que se puede ver en el sencillo cementerio francés de Sainte-Geneviève-des Bois, a unos treinta kilómetros de París. El sepulcro lo cubre una bellísima alfombra. Aunque parezca mentira, no es de tela, sino un espectacular mosaico de colores de bronce y vidrio que quiere, y lo consigue al detalle, asemejarse a los kílims —alfombras artesanales que solían cubrir los féretros y los baúles de los viajeros nómadas— que el bailarín coleccionaba. El realismo de su forma, sus pliegues, sus colores delicados, entre los que predominan el rojo y el amarillo, así como su textura, convierten esa sepultura en una de las más bellas que he visto.

2

DE RUTA POR EUROPA

Aspiro a que el primer capítulo no le haya resultado demasiado largo. A veces tengo la mala costumbre de olvidar que estas páginas no las estoy escribiendo para ser leídas solo por mí, sino para ser compartirlas con usted y con todo aquel a quien a usted le venga en gana enseñárselas. Con el paso de los años he aprendido que no siempre lo ameno para uno tiene que serlo para los demás.

Antes de continuar, le voy a hacer una especie de declaración de principios. En mis escritos intentaré no volver mis pasos sobre cementerios de los que le hablé cuando le expliqué mi vuelta al mundo recorriendo ochenta de ellos. Quiero creer que si alguno le llamó suficientemente la atención, ya debió de buscar información complementaria por sus propios medios. Como se habrá dado cuenta, bien pronto he incumplido la regla hablándole de nuevo de Père-Lachaise, pero lo encontré necesario y puede que algún par de veces más vuelva a saltarme mi propia norma por lo interesante de los acontecimientos amorosos que se encierran entre sus muertos.

En este segundo capítulo le animo a que recorra conmigo Europa. *A priori* no tengo la intención de hablarle de grandes cementerios, sino que me moveré más por el interés de las historias que me salgan al paso. Olvidaré contarle muchas cosas —puede estar seguro—, pero le ruego que tenga piedad de mí, pues alguno de ellos los recorrí hace ya demasiados años y no he vuelto a pisarlos. De manera precisa, Milan Kundera nos aclara: «La memoria no guarda películas, guarda fotografías».

4. Cementerio del León (Sarajevo, Bosnia y Herzegovina)

No puedo evitar comenzar citando a Ernest Hemingway: «Nunca piense que la guerra, no importa su necesidad o su justificación, no es un crimen».

El cementerio del León está en Sarajevo, y debe su nombre a un león de piedra en posición de reposo, hay quien afirma que agonizante, que se halla colocado en lo alto de una columna a la entrada del camposanto, al menos así es como me lo contaron, aunque no estoy seguro que esa información sea fiable al cien por cien.

Al cruzar la entrada del cementerio, me vino fresca a la memoria la imagen de un recuerdo que, en apariencia, no tiene nada que ver con lo que le voy a contar. Habían pasado unos años desde que enviudé y solía retirarme durante mis vacaciones a Thonon-les-Bains. El clima y la tranquilidad son los que me acercaron a esa preciosa localidad francesa bañada por las aguas del lago Lemán. Uno de esos días en que estaba de reposo, recuerdo que era 1990, los inmigrantes yugoslavos que vivían en la localidad celebraban una fiesta. Era una cita anual en que se reunían para hablar de su país, compartir sus comidas típicas, cantar canciones en su idioma y sentir añoranza de su tierra, a la que deseaban volver cuando después de unos años tuvieran ahorrados algunos francos. Asistí a la fiesta con curiosidad para ver divertirse más que para divertirme. Me quedé fascinado con los gráciles movimientos de sus cuerpos bailando danzas regionales. Las mujeres eran bellas y los hombres nobles. El ambiente de camaradería que se respiraba me envolvió.

En la verbena sentí nostalgia al recordar mi adolescencia, esos años que nunca nos imaginamos que un día pasarán y se irán difuminando con el paso del tiempo, modificando lo real a nuestro antojo.

En la fiesta disfrutaban de la misma manera serbios, croatas, montenegrinos o de cualquier otro de los lugares que componían la antigua Yugoslavia. Se sonreían unos a otros con naturalidad sin que en sus temas de conversación se tocara ni la política ni la religión. Reinaba un ambiente de sana amistad. Platos de carne a la parrilla y la dorada cerveza siempre encontraban mano en que pararse. Las parejas se besaban y hacían planes para los próximos fines de semana y, en algunos casos, también para el resto de sus vidas. Esa hermandad era maravillosa y la felicidad que veía terminó por cautivarme, provocándome un punto de tristeza al no poder compartirlo con mi difunta esposa.

Pasados un par de años, o quizá fueran tres, volví otro verano a Thonon-les-Bains. Por mucho que lo busqué, ya no se celebraba la fiesta que quería volver a revivir. Aquellos que antes eran íntimos amigos ya no se dirigían la palabra, e incluso se miraban con rencor cuando se topaban de frente por las calles cercanas al puerto. La guerra de los Balcanes los había transformado en enemigos hasta en territorio neutral. No me atrevo a sacar conclusiones, ni tengo la altura moral para enjuiciar ni a unos ni a otros.

Sea indulgente con esta larga introducción, pero la encontré necesaria para ponerle en situación. Vuelvo al cementerio del León en Sarajevo. La tumba que estaba mirando era sencilla, sin más decoración que un buen número de flores frescas que cada día los visitantes se dedican a reponer. El sepulcro era de un mármol blanco resplandeciente. Apoyado en la lápida, un marco con forma de un gran corazón mostraba a una pareja de jóvenes. La chica, la recuerdo bien, era preciosa, y el chico tenía cara de buena persona. Sus nombres también aparecían en la losa, Bosko y Admira. Murieron jóvenes, aunque como dijo Robert Louis Stevenson, «siempre se muere joven».

Bosko y Admira se habían conocido en una fiesta de fin de año, a mediados de la década de los años ochenta. Una fiesta que no se diferenciaría demasiado, a excepción de la estación del año, de la que había presenciado en Thonon-les-Bains. En esos años en Bosnia y Herzegovina convivían una minoría de serbios y una mayoría croata y musulmana en perfecta armonía.

Eran jóvenes, y sus pensamientos —como suele pasar en esa edad— estaban repletos de ilusiones y de sueños de un futuro compartido. De él hay noticias de que era amigo de bromas y que era apreciado por su carácter alegre. Bosko solo tenía ojos para Admira. En fin, era un buen muchacho incapaz de hacer daño a nadie. Admira adoraba a Bosko.

¡Cuánto más hablo de ellos, más se me encoge el corazón al saber de antemano el triste desenlace que les espera!

41

Bosko era serbio; Admira, musulmana. La religión, a diferencia de anteriores historias, no los separaba porque en la misma medida ni a los padres de ella ni a los padres de él les importaba qué religión profesaran sus hijos, estaban felices de ver cómo se amaban. Eran buena gente los padres de Admira y eran buena gente los padres de Bosko.

Durante su servicio militar, único periodo en que se separaron, Bosko mandaba diariamente cartas a su amada. Aún se conserva una en que escribía con cariño: «Mi querido amor, falta poco tiempo para que volvamos a estar juntos. Después de eso ya nada podrá separarnos».

Sarajevo era por entonces una ciudad cosmopolita donde se habían celebrado con éxito en 1984 los Juegos Olímpicos de invierno. Nada hacía presagiar el drama que se desencadenaría años después. En 1992, los serbios de Bosnia se opusieron a la propuesta musulmana de un referéndum para legitimar la separación de Yugoslavia. A grandes rasgos, esa fue la mecha que provocó un cruento enfrentamiento que opondría a vecinos contra vecinos. Desde el primer momento, Bosko se resistió a tomar las armas.

Admira y Bosko se reunían todos los días en un pequeño café, y en una de sus mesas fue donde, después de muchas dudas, tomaron la decisión de abandonar Sarajevo. Planificaron la huida con minuciosidad. Para escapar solo tenían que atravesar el puente sobre el río Miljacka. El problema radicaba en que la zona estaba sembrada de francotiradores que disparaban sin miramientos sobre quien intentaba cruzar por ese puente.

Llegó el día señalado para la tan esperada libertad. Bosko y Admira se cogieron de las manos y sin mirar hacia atrás caminaron por el puente.

Contemplé la foto que estaba colocada sobre la tumba. Él apoya la cara en el pelo de ella. Recordarlos hace que me resulte duro continuar la historia, me gustaría que lo que sigue fuera diferente a lo que, en realidad, ocurrió.

Habían logrado atravesar dos tercios de puente. Caminaban sin mirar atrás con la inocencia infantil de quien cree que lo que no se ve no existe. Un francotirador anónimo les disparó, quizá orgulloso de su certera puntería. Los testigos que vieron horrorizados la escena contaron que Bosko murió instantáneamente, el disparo del asesino fue mortal. Admira, herida de gravedad, se arrastró por el suelo hacia el cuerpo de su amado, le tomó de la mano, se acercó aún más a Bosko, y minutos después moría abrazada al cuerpo de su gran amor.

La imagen de esas muertes es tan dramática que no tengo palabras para suavizarla. Odio a ese anónimo francotirador y solo deseo que la vida no se haya comportado generosamente con él. No me arrepiento de tener ese pensamiento, no me considero un ser despreciable por ello.

La zona en que los mataron estaba tan infestada de francotiradores que nadie se acercó a recoger los cadáveres por miedo a que les ocurriera lo mismo. Los amantes permanecieron abrazados durante seis días.

Los dos bandos en conflicto no hicieron ningún esfuerzo en intentar recuperar los cuerpos para devolvérselos a sus familias. Días después, las dos partes intentaron tímidamente negociar. Los musulmanes dijeron que los cristianos solo podían llevarse el cuerpo del infiel. Los cristianos comunicaron a esos mismos musulmanes que solo se podrían llevar el cuerpo de la infiel. En ocasiones es difícil reconciliarse con el ser humano.

Una noche, camuflado en la oscuridad, un comando serbio pudo acercarse a recoger los cadáveres. Esa misma noche fueron sepultados de forma anónima. Tres años más tarde, en 1996, fueron exhumados y llevados para ser enterrados en la sepultura que contemplé en Sarajevo.

El cementerio del León está en lo alto de una colina, y desde el lugar en que están enterrados los dos amantes se puede alcanzar a distinguir el pequeño café en el que solían encontrarse, y donde prepararon la huida con la ilusión de quien busca en la paz lo que nunca le ofrecerá la guerra.

Busqué por el cementerio alguien al que poder comprar unas flores para colocarlas en la tumba de los amantes de Sarajevo. Quería de una manera simbólica combatir con flores las balas. Pasado un rato localicé a una mujer mayor que arrastraba un destartalado carro de supermercado con varios ramos amontonados dentro. Le pedí que me vendiera una docena de rosas. Cuando me cobraba, preguntó a qué familiar le iba a colocar ese precioso ramo. Le respondí que eran para Admira y Bosko. Entonces esa mujer metió su mano en el carro, formó un ramo con dos gladiolos y otro par de azucenas y me lo regaló para que acompañaran las doce rosas.

Mientras colocaba las flores sobre el sepulcro, me vino a la mente el escritor François Mauriac: «La muerte no nos roba a los seres amados. Al contrario, nos los guarda y nos los inmortaliza en el recuerdo. La vida sí que nos los roba muchas veces y definitivamente».

5. Cementerio Powązki (Varsovia, Polonia)

El cementerio Powązki de Varsovia es el más famoso de los que tiene Polonia. Ese es el motivo por el cual están enterradas en su perímetro una buena cantidad de celebridades del país. Seguro que muchas de esas personas de renombre en su tierra y lamentablemente desconocidas por mí merecerían unas líneas por los méritos que realizaron durante su estancia en este mundo. Por ese motivo les pido perdón, tanto a ellos como a usted, por mi ignorancia.

De entre los nombres que aparecían relacionados en un folleto que alcancé de un expositor en la entrada solo reconocí a los padres de Frédéric Chopin, así como a tres de sus hermanas. Una de ellas era Ludwika, conocida por ser la encargada de ejecutar las últimas voluntades del compositor, actuando en consecuencia como albacea, y de hacer cumplir su deseo de que el día de su fallecimiento se le extrajera el corazón para colocarlo en una urna de cristal llena de coñac. Dos pueden ser los motivos de tan especial petición. Por un lado, tener la seguridad de que no le enterrarían vivo —este era un temor generalizado durante el siglo XIX— y el otro de los motivos era que Chopin había sido exiliado de Polonia a causa de la represión ejercida por el zar, y en sus últimas consignas advirtió a su familia y a sus amigos cercanos que las autoridades no permitirían que regresara su cuerpo a Varsovia, así que les ordenó que ya que no podían llevar su cuerpo, al menos llevaran su corazón.

El cuerpo de Chopin se halla en París, en un sepulcro en el cementerio de Père-Lachaise, en una tumba de forma rectangular cuya parte superior está coronada por la musa de la música, Euterpe. La musa está reproducida sentada, cabizbaja y llorando, de ahí que esa escultura funeraria haya sido bautizada con el nombre de *La musique en pleurs (La música llorando)*. El corazón de Frédéric Chopin se encuentra a mil seiscientos kilómetros de distancia de esa figura, depositado bajo uno de los pilares de la iglesia de la Santa Cruz de Varsovia.

Cuando se camina entre las tumbas del cementerio Powązki, está muy presente en sus rincones la Segunda Guerra Mundial por la cantidad de enterramientos de combatientes que fallecieron en la dramática contienda. No les presté más atención de la necesaria. Ese día mis pasos se encaminaban hacia una tumba en particular con el propósito de reunirme con un matrimonio del que hasta hacía bien poco no había oído hablar y cuando me enteré de la gran labor humanitaria que habían desarrollado, quise ponerme al día lo antes posible.

La historia que continúa no es la típica en que una pareja vive un amor pasional, aunque no puedo decirle, puesto que lo desconozco, si vivieron un ferviente amor. Esta es la historia de Jan y Antonina, que se amaban como se aman y como hemos amado millones de personas en el mundo, sin estridencias, con la normalidad de lo cotidiano, sabiendo que discutir y reconciliarse en muchas ocasiones demuestra más amor que cientos de besos dados por costumbre.

Se conocieron en la década de 1920, ambos trabajaban en la Universidad de Varsovia. Ella, Antonina Erdman, impartía clases de Música. Él, Jan Żabiński, se encargaba de enseñar Zoología a los alumnos del Instituto de Zoología y Fisiología Animal.

Eran tan prestigiosos los méritos que reunía Jan Żabiński que fue nombrado director del Jardín Zoológico de Varsovia en 1929. En esa fecha contaba con unos mil quinientos animales de variadas especies venidas de lejanas tierras. Gracias a la calidad de sus instalaciones y a su reputación internacional, recibía visitas llegadas de los puntos más dispares de Europa. El cargo que desempeñaba Jan le daba prestigio científico y un elevado reconocimiento social.

El matrimonio se sentía feliz rodeado de fieras. Su residencia era una villa situada en el interior del complejo zoológico donde vivían con su hijo y con animales huérfanos, a los que por falta de madre tenían que adoptar. Cuando por la sala de estar no paseaba un cachorro de león, lo hacía la cría de un orangután por el comedor.

45

Caminando por el cementerio Powązki no pude evadirme de la belleza de la frondosidad de su naturaleza. Con esa forma despreocupada de interés llegué a la tumba de Jan y Antonina Żabiński. Por mucho que me detuve a mirarla con atención, no percibí nada resaltable que me sirviera para recordarla. Una rústica losa y una lápida de mármol negro con sus nombres grabados.

El día menos esperado, como en una novela de misterio, la vida puede dar un giro impredecible y eso ocurrió en 1939 con la invasión de Polonia por las tropas del Ejército nazi. El zoológico, sin un motivo racional que lo justificara, fue bombardeado como si se tratara de un peligroso objetivo militar que había que reducir a cenizas. De esa brutal acción quedan como recuerdo imágenes fotográficas, donde se puede ver a jirafas y leones desorientados fuera de las jaulas, deambulando por el interior del recinto, huyendo horrorizados del fuego o saliendo a las calles de Varsovia por los boquetes realizados por las bombas en los muros del parque. Un elevado número de animales murieron en el bombardeo. De los que quedaron vivos, los mejores ejemplares fueron introducidos en cajones y enviados a Berlín; el resto fue sacrificado y utilizado como alimento.

Sobre la losa de la tumba pude percatarme de que había un ramo de flores de color amarillo, del mismo color de la estrella de David que los nazis hacían llevar a los judíos para identificarlos y aislarlos.

Cuando estalló la guerra, los Żabiński se involucraron en actividades clandestinas de la resistencia. Pudieron establecer contacto con el gueto de Varsovia gracias a que Jan fue designado como alto cargo del Departamento de Horticultura del Ayuntamiento. Ese cargo oficial iba acompañado de un salvoconducto que le permitía entrar y salir del gueto con el pretexto de que también había zonas verdes que había que revisar. Lo más curioso es que apenas había árboles y la hierba era inexistente en la desolada judería, solo escombros se amontonaban por todos los lados. Ese permiso le servía para visitar a personas necesitadas y les solía introducir comida o mensajes sin ser descubierto.

El matrimonio Żabiński vio en ese nombramiento una llave para ayudar a tantos perseguidos como fuera posible. Les daban cobijo en el zoológico y les proporcionaban documentos falsos. Żabiński se las ingenió para convencer a las autoridades para utilizar el zoológico como granja de cría de cerdos para el sostenimiento de las tropas del Tercer Reich destinadas en Varsovia, aunque la mayor parte iba destinada a las personas que ocultaban. Los animales eran alimentados con las sobras de los hospitales y con la basura que Żabiński y sus operarios recogían del gueto. El zoológico era un lugar seguro, pues había zonas cuya existencia solo ellos conocían. Donde en su día dormían elefantes, durante la invasión lo hacían personas.

Los niños refugiados estaban escondidos en la casa del matrimonio Żabiński. Olvidando ser niños, permanecían en silencio durante horas, caminaban sin hacer ruido, inmóviles, cuando barruntaban el peligro. Hasta los juegos debían realizarse en silencio. Cada vez que se acercaban soldados o alguien que considerasen que pudiera delatarlos, Antonina se sentaba en el piano y comenzaba a interpretar «¡Vamos, vamos a Creta!», de la ópera La bella Helena de Jacques Offenbach. La canción servía como una llamada de alarma con el propósito de que al escucharla corrieran a sus escondites.

Las historias de amor pueden ser muy diversas. En un libro cuyo título y autor no recuerdo, leí que los antiguos griegos tenían clasificados cinco tipos de amor: el pasional, el fraternal, el altruista, el familiar y el amor a uno mismo o amor propio. Jan y Antonina iban sobrados de los cuatro primeros.

Miembro activo del movimiento clandestino del Ejército Nacional, Jan Żabiński participó activamente en el levantamiento polaco en Varsovia, durante los meses de agosto y septiembre de 1944. Tras su represión, fue detenido y llevado prisionero a Alemania.

Antonina, sin tener la compañía de su marido, continuó con su labor y siguió aceptando refugiados. Junto a su hijo, alimentaron y proporcionaron cuidados a cientos de judíos y a miembros de la resistencia hasta que la guerra terminó.

La historia cuenta con un final feliz. Jan sobrevivió a la prisión nazi y pudo ser testigo de la reapertura del zoológico en 1949. Se calcula que cerca de trescientos judíos salvaron sus vidas gracias al matrimonio Żabiński.

Cómo y cuándo murieron Jan y Antonina no tiene el más mínimo interés, no importan ni fechas ni enfermedades, solo tiene importancia lo que hicieron. La tumba —le vuelvo a repetir— no se diferencia de las de su entorno, es humilde, una losa con su nombre, y de frontal otra más moderna. Lo que sí la diferencia es la cantidad de flores que depositan personas que tienen una deuda moral con el matrimonio Żabiński.

El papá Juan Pablo II, polaco como Jan y Antonina, pronunció como recordatorio para estar en todo momento alerta: «Que nadie se haga ilusiones de que la simple ausencia de guerra, aun siendo tan deseada, sea sinónimo de una paz verdadera».

6. Cementerio Tijvin (San Petersburgo, Rusia)

En San Petersburgo me hospedaba en un acogedor hotel de cuatro estrellas. Su situación era inmejorable. La limpieza de la habitación y las atenciones que sus empleados dispensaban a los clientes no cambiaban mi alta opinión del establecimiento. Desde el amplio ventanal de mi cuarto, podía contemplar los barcos turísticos navegar por el río Neva, y de fondo se distinguía la cúpula dorada de la catedral de San Isaac.

Mi intención en la ciudad, aparte de visitar sus monumentos, era hacer una visita a uno de esos escritores que han acompañado con sus lecturas mis horas de soledad, y ese novelista se hallaba enterrado en uno de los cuatro cementerios situados en el monasterio de San Alexander Nevski.

Es Tijvin una necrópolis que no suele estar marcada como lugar de interés en las guías de San Petersburgo. Mi voluntad era la de acercarme para encontrarme con ese escritor que en un pasaje de su novela *El adolescente* nos advierte desencantado: «Nuestros tiempos son tiempos de mediocridad, de falta de sentimientos, de la pasión por la ignorancia, de la pereza, de la incapacidad para empezar a hacer algo y del deseo de tener todo ya hecho».

No tenía ganas de pasear toda la mañana con un mapa de San Petersburgo en la mano, así que solicité en recepción que me pidieran un taxi y dijeran al conductor que me llevara al cementerio y un par de horas después viniera a recogerme para devolverme al hotel.

Media hora más tarde me encontraba dentro del recinto. Me paré delante de las sepulturas de alguno de los genios que están enterrados en su suelo. Los más destacables que en estos momentos me vienen a la cabeza son los músicos Borodin, Glinka, Rimski-Korsakov, Músorgski, Rubinstein, Chaikovski... Había más que en estos momentos no recuerdo. Tenga compasión de mi memoria y no me reproche mis involuntarios olvidos. Esa cantidad de personalidades es por la que han dado en llamarla la Necrópolis de los Maestros del Arte. Lo extraordinario de este pequeño cementerio no solo son las tumbas de sus celebridades, a cada cual más bella, sino también la vegetación que las rodea y el mimo con que está cuidada.

De entre la gran cantidad de personajes ilustres que están enterrados en Tijvin, el que me interesaba localizar era Fiódor Dostoievski, en especial por la historia de amor que compartió con Anna.

En 1866, Dostoievski estaba arruinado a causa de su enfermiza adicción al juego. Sentía debilidad por la ruleta, que era su diversión favorita, y se gastaba todo el dinero que le caía en sus manos apostando a uno de sus treinta y siete números. Sus viajes a las casas de los usureros eran continuos.

La persecución que sufría por parte de los acreedores era su pan de cada día. Los tres mil rublos que sumaban sus deudas le obligaron a firmar un contrato con el editor Stellovski. Una de las cláusulas de ese leonino contrato le comprometía a entregar una novela perfectamente corregida ese mismo año. Como pago recibiría tres mil rublos que servirían para satisfacer las deudas pendientes. El gran peligro residía en que de no cumplir con los plazos estipulados, los derechos comerciales correspondientes a la totalidad de sus obras pasarían a ser propiedad exclusiva del editor.

Con esa condición como espada de Damocles, los días pasaban con rapidez y el escritor se veía incapaz de terminar dentro del plazo. Por ello decidió que lo más sensato era contratar a una joven especialista en taquigrafía para que con rapidez le fuera poniendo en limpio sus ideas en el papel. La muchacha era Anna Grigorievna Snítkina. Es a ella a quien le dictó la novela *El jugador*, que será la que entregue al editor. El genial escritor ruso solo necesitó veintiséis días para crear una obra maestra.

Rumbo a la tumba de Dostoievski, me fijé en dos personas, el uno era joven y el otro debía moverse por los setenta años, conjeturé en que pudieran tratarse de abuelo y nieto. Se hallaban sentados en dos sillas plegables. Los saludé diciendo «buenos días» en mi deficiente ruso, *dobroye utro*. Estaban jugando al ajedrez. La losa de una tumba les servía de mesa y es sobre ella donde tenían colocado el tablero. Me acerqué un poco más a ellos y de un vistazo descubrí que al de más edad aparte de faltarle tres dedos de la mano derecha también estaba falto de la dama y de las dos torres; el joven, por su lado, solo había perdido tres peones y tenía las figuras al completo, a excepción de un caballo que se hallaba tumbado fuera del tablero. Al rey del hombre mayor bien poco futuro por reinar le quedaba, el jaque mate en vista de la diferencia de fuerzas no tardaría en llegar. Les miré un par de movimientos antes de continuar a reunirme con Dostoievski.

La tumba del insigne literato está rodeada de árboles y flores bastante bien cuidadas lo que siempre da un añadido que proporciona mayor prestancia. Era, dicho en pocas palabras, un precioso sepulcro que preside un busto con la frente ancha en que se refleja a la perfección los rasgos adustos, la densa barba y la mirada escrutadora de los ojos achinados del escritor que pretenden memorizar lo que presencia para luego plasmarlo en sus obras.

Vuelvo a Anna. Era la joven veinticinco años menor que Fiódor. Eso no fue impedimento para que lo que empezó siendo admiración por la obra del escritor acabara transformándose en amor. Dostoievski llevaba viudo desde hacía tres años y la compañía de Anna le resultó un soplo de aire fresco en su existencia. La pareja formalizó su situación casándose en 1867. El escritor tenía cuarenta y seis años, y Anna, veintiuno. Anna era de carácter fuerte e inteligente, a lo que sumaba su devoción por Fiódor. Es consciente de que la ludopatía de su marido era una enfermedad y por eso no se la reprochaba e intentaba ayudarlo a que saliera de ese pozo.

Tras la muerte de una de sus hijas, de los cuatro vástagos que nacieron de la unión, la familia decidió emprender un viaje por diferentes ciudades de Europa, pero la situación económica del matrimonio siguió sin mejorar. De vez en cuando, Dostoievski recibía dinero por sus obras, cantidades que solo le servían para sobrevivir, para alimentar más mal que bien a su familia, y lo que quedaba restante se utilizaba para saldar parte de las cuentas de sus acreedores. Fiódor sentía dependencia de Anna y fue ella quien decidió tomar las riendas del matrimonio. Se propuso cambiar por completo la vida de su marido. Aparte de ejercer de ama de casa, se ocupó en ser su editora y se hizo cargo de las cuestiones financieras. De remate, obtuvo su mayor logro: vencer su dependencia del juego.

Los años que pasó Dostoievski conviviendo con Anna se convirtieron en los más productivos en su carrera de escritor. En esa etapa escribió obras de la magnitud de *El idiota*, *Los hermanos Karamazov* o *Los demonios*, obra que fue un éxito considerable, al lograr vender tres mil copias en un año

Dostoievski falleció el 9 de febrero en 1881, a los cincuenta y nueve años, de una hemorragia pulmonar que se complicó con un ataque epiléptico. De su muerte se dice que fue placentera, ya que siendo tan religioso como era, lo reconfortó la voz de Anna leyendo en el borde de la cama pasajes de la Biblia. Ese día, Fiódor Dostoievski alcanzó la inmortalidad.

Volví a clavar mis ojos en la tumba. Descubrí que más abajo del busto llevaba escrito un epitafio que por sus caracteres cirílicos me era imposible traducir, dado mi desconocimiento del idioma ruso y en ese momento no tenía a nadie cerca para resolverme la situación. La esperanza de conocer lo que había escrito me la despertó que al final del epitafio indicaba: «Іоанна 12.24».

Anna no se volvió a casar y llevó una vida desahogada con sus hijos hasta su muerte, ocurrida en 1918 en Yalta. Dos mil quinientos kilómetros la separaban del hombre que más había amado y al que había entregado su juventud. Tuvieron que transcurrir cincuenta años hasta que, en 1968, sus restos fueron trasladados desde Yalta a San Petersburgo para ser enterrada en la tumba junto a su marido.

Ya nada más me contaba el sepulcro de mi idolatrado autor. Con la muerte de los dos amantes se cerraba la historia que había ido a buscar. En el reloj faltaba media hora para la llegada del taxi que debía devolverme al hotel y me acerqué a contemplar cómo se desarrollaba la partida de ajedrez de la que había visto parte de sus matanzas. El tablero era un campo de batalla donde solo quedaban en pie los dos reyes, un caballo y una pareja de peones. Lo más curioso es que el caballo y el peón pertenecían a la persona mayor. Eso me hizo lamentar el no haberme quedado un rato más viendo de qué manera había enderezado la partida. En dos movimientos, el joven recibió el trágico jaque mate. Me alejé cuando, al mirar el reloj, me di cuenta que el taxi ya se encontraría en la puerta del cementerio.

En la habitación tomé el teléfono y puse una conferencia a un amigo al tener el presentimiento que Иоанна 12.24 se trataba de Juan, capítulo 12, versículo 24.

A mi amigo le extrañó la llamada, y más cuando le dije que estaba en San Petersburgo y que sin excusa fuera en busca de su ejemplar de la Biblia y me leyera lo que ponía el versículo 24 del capítulo 12 del Evangelio según san Juan.

No tardó en dar respuesta a mi petición. Abrió la Biblia por el lugar que le había señalado y leyó lo que allí se hallaba escrito, que era lo mismo que estaba inscrito en el epitafio de Fiódor Dostoievski: «En verdad, en verdad os digo que si el grano de trigo no cae en la tierra y muere, queda él solo; pero si muere da mucho fruto».

7. St Collen's Church Llangollen (Gales, EL Reino Unido)

Llangollen es una pequeña localidad al noroeste de Gales en la que todos los vecinos se conocen. Está situada en un precioso valle donde el verde es el color dominante. Como en otros lugares, mi presencia se iba a reducir a una estancia relámpago porque mi intención solo tenía por objeto acercarme a la iglesia de Saint Collen. Dicha parroquia se fundó en el siglo VI, aunque fue reconstruida posteriormente en un marcado estilo victoriano. En el interior de la iglesia destaca el techo en vigas de martillo talladas en madera; nada desdeñable es la enorme pila bautismal, tallada en piedra traída de Caen y que para darle más empaque está erigida sobre pilares de mármol de Carrara. Mi intención no iba encaminada a visitar la iglesia propiamente dicha, sino el cementerio adjunto y en particular un monumento de estilo gótico de tres lados rodeado por una verja. Más que un monumento se trata de tres tumbas. Si se miran los lados de ese sepulcro, se ven escritos tres nombres de mujer, uno por cada cara: Eleanor Butler, Sarah Ponsonby y Mary Carryll.

Al ver la extraña sepultura, supe que había llegado a mi destino. Allí me esperaba una nueva historia. La historia no comienza en el pueblo galés de Llangollen, el punto de partida es Irlanda, en concreto el condado de Kilkenny, que es donde habían nacido y donde se conocieron las dos mujeres de las que pienso hablarle, Eleanor Butler y Sarah Ponsonby. Ambas pertenecían a dos de las familias de más solera en Irlanda. Eleanor estaba emparentada directamente con la nobleza al ser hermana del decimoséptimo conde de Ormonde. Por su parte, Sarah era nieta del general Henry Ponsonby y prima segunda del conde de Bessborough. Este apunte solo tiene validez como carta de presentación para dar cuenta de la importancia de su familia.

Cuando se conocieron, Eleanor tenía veintinueve años y Sarah acababa de cumplir los trece. La diferencia de edad no fue impedimento para que desde el primer momento se creara un fuerte vínculo de amistad. No vivían muy lejos la una de la otra. Las largas temporadas que estaban separadas intercambiaban correspondencia. Cartas íntimas en las que no ocultan ni sus sentimientos ni sus preocupaciones. Las dos eran cultas e inteligentes. En ese intercambio epistolar no existía ningún tema prohibido, ningún tabú que no se atrevieran a confesarse ni a dialogar. En esas cartas mostraban algo más que amistad, mostraban amor.

Estudiadas las dos mujeres por separado descubrimos que la familia de Eleanor solo pensaba en casarla y que ante sus negativas a todos los pretendientes que le presentaban tienen la intención de recluirla en un convento en Francia; Sarah, en cambio, era huérfana y en una de las cartas que manda a su amiga le hace la confidencia de que su tutor, sir William Fownes, le realiza tocamientos que por suerte nunca llegan a pasar a la fase posterior porque ella se lo impide. William Fownes tenía depositados grandes planes de futuro para Sarah, ya que como estaba seguro de que a su esposa, tía carnal de Sarah, no le quedaba mucho tiempo de vida, pues era de salud delicada, planeaba casarse con Sarah para aligerar su viudez. Ironías del destino, fue su tío político quien falleció antes que su tía carnal.

Eleanor y Sarah, queriendo vivir la vida a su estilo, planificaron un primer intento de fuga. Fijaron la fecha en abril de 1778.

Una noche de ese mes de abril, sin dar explicaciones a nadie, partieron de sus casas vestidas con ropa de hombre. Llevaban una pistola y las acompañaba el fiel perro de Sarah que las seguía dócilmente. Las contrariedades comenzaron demasiado pronto. Perdieron el ferri en el que intentaban alejarse, por lo cual no les quedó más remedio que esperar al que zarparía al día siguiente. Pasaron la noche al cobijo en un granero. Combatieron el frío nocturno tapándose con la paja y apretándose la una a la otra para compartir el calor de sus cuerpos Sus familias a esas horas ya las estaban buscando. Fueron descubiertas al ser delatadas por los ladridos del perro de Sarah.

Como era imposible disuadirlas de fugarse más veces al ser su único deseo el de querer estar juntas a todas horas, las dos familias, temiendo que enfermaran, acabaron poniéndoles un carruaje y organizándoles la partida para evitar que fueran a pasar más noches a la intemperie o en graneros. Así que en mayo de 1778, acompañadas de una criada, la Mary Carryll que se muestra en uno de los lados de la tumba, partieron de Irlanda para establecerse en Gales y descubrieron los parajes en que querían vivir el resto de sus días, en el pintoresco valle de Llangollen.

Compraron una finca con una destartalada choza y a partir de entonces fueron creando su paraíso. Derrumbaron la cabaña y levantaron una casa de un estilo arquitectónico singular y algo grotesco. Diseñaron jardines, zonas de recreo y paseos rurales con grutas, templos, invernaderos, puentes rústicos y otros accesorios para disfrutar en la tranquilidad de sus dominios. Crearon su paraíso en la tierra.

Tenía la tumba que estaba contemplando una verja de acero circular cuya utilidad es la de proteger, no se sabe de qué, las lápidas de las tres mujeres. Sin fundamento, pensé que esa valla venía a ser igual a la que metafóricamente colocaron para aislarse del mundo exterior.

En ese idílico emplazamiento dedicaban los días al estudio y a la escritura. Cuidaban su mente, su cuerpo y su espíritu. Su objetivo era lograr vivir dándole la espalda a la sociedad a la que veían incapaz de entender el amor que se sentían. Llevaban una vida sin dificultades. Vivían de las rentas que les enviaban sus familiares. No estaba bien visto que la descendiente de un noble como era el conde de Ormonde viviera como una pordiosera. Cuando el día era apetecible, salían a dar largos paseos vestidas de un riguroso negro. La gente de los alrededores se refería a ellas como «las señoritas de

Llangollen». Basándonos en documentos de esos años, podemos hacernos una idea de su forma de vestir: «Ambas llevaban su abundante cabellera peinada recto hacia atrás y empolvada, un sombrero redondo de hombre, corbata y chaleco también de hombre, combinados con una enagua corta y botas. Esa indumentaria la llevaban cubierta por un abrigo de tela azul, de un corte bastante peculiar, una especie de término medio entre un abrigo de hombre y un traje de montar de dama».

El extraño modo de vida que llevaban no pasaba desapercibido y no tardaron en hacerse famosas no solo en la región, sino en todo el país. Sus nombres y su extraño proceder eran un comentario que no faltaba en ninguno de los más selectos salones de Europa. Por su casa de campo empezaron a pasar intelectuales, entre los que se encontraban el poeta William Wordsworth, el escritor Walter Scott o el mismísimo duque de Wellington, además de otros altos miembros de la realeza británica y dignatarios del resto de Europa.

Eleanor y Sarah, que solo deseaban estar solas, no llevaban bien esas incesantes visitas y en su diario la mayor de las dos se preguntaba, en 1785, cuándo las dejarían solas. Soledad y estudio era lo único que las hacía felices. Se habían querido apartar del mundo y el mundo cada vez estaba deseando acercarse más a ellas.

Dormían en la misma cama, se referían la una a la otra con palabras de cariño como «mi mejor mitad» o «mi amada». Los platos de la cubertería mostraban entrelazadas las letras «E» y «S» de sus iniciales.

La primera en morir fue Mary Carryll, la fiel criada que trabajó gratis sin recibir nunca ni un solo penique. Esa muerte ocurrió en 1809, y veinte años después, le tocó el turno a Eleanor, cumplidos los noventa. Sarah la sobrevivió solo dos años, falleciendo a los setenta y seis.

El ejemplo y la huella que las dos mujeres dejaron a la posteridad es la de dos luchadoras por los derechos de las mujeres que nunca dejaron que los convencionalismos las derrotaran. Las novelistas Colette y Simone de Beauvoir escribieron sobre las señoritas de Llangollen como estandartes del feminismo.

Mirando el sepulcro en que reposan las tres mujeres me asaltó la certeza de que muchas veces los grandes héroes, las grandes heroínas, permanecen apartadas del mundanal ruido. En la cara de la tumba donde se indica el nombre de Eleanor Butler hay inscrito un pasaje del libro de Job: «Pero ya no volverán a su casa, ni su lugar los conocerá más». Mientras que en el de Sarah Ponsonby hace referencia a la epístola a los tesalonicenses: «No estés triste como otros que no tienen esperanzas».

Antes de abandonar Llagollen aproveché para hacer dos cosas que consideré importantes. La primera, visitar la casa en que vivieron al mantenerse todavía en pie; lo segundo, entrar en una taberna en la que me había fijado al realizar el trayecto del cementerio a la casa y pedir un *whisky* galés de sabor suave y afrutado. Al tercer sorbo escuché que Virginia Woolf me decía: «Como mujer no tengo patria, como mujer no quiero patria. Como mujer, mi patria es el mundo».

8. St Peter's Church (Bournemouth, Gran Bretaña)

Le voy a pedir un ejercicio de memoria. Recuerde un pasaje de mi vuelta al mundo de cementerio en cementerio, en que le hablé hace unos ocho años del cementerio protestante de Roma, refiriéndome al poeta Percy Shelley. Creo que en esa explicación me olvidé de indicarle que en el epitafio de su tumba se halla escrito en latín *cor cordium*, «corazón de corazones».

Percy Shelley murió ahogado en el golfo de La Spezia al naufragar su velero. Sus amigos le prepararon un funeral muy especial. Construyeron una pira sobre la arena de la playa y se dispusieron a incinerarlo. Una de las personas que lo presenciaba, el aventurero Edward Trelawny, se adentró en las llamas y con un puñal arrancó el corazón al cadáver para, a continuación, entregárselo a la esposa, Mary Shelley. Existe un cuadro fechado en 1869 pintado por Louis Édouard Fournier, *El funeral de Shelley*, donde se muestra la ceremonia de incineración del cuerpo del poeta. En el lado izquierdo se percibe a Mary Shelley de rodillas.

Cuando se produjo la muerte de Percy Shelley, Mary estaba a punto de cumplir veintitrés años, llevaba a sus espaldas una intensa vida y ya había escrito uno de los libros más importantes de la literatura mundial, *Frankenstein o El moderno Prometeo*.

Si le he contado lo anterior, es porque la protagonista de esta historia es esa mujer, y para conocerla mejor me dirigí a un pueblo costero del sur de Inglaterra, Bournemouth, para contemplar el lugar donde se encuentra enterrada.

La población de Bournemouth está bien comunicada con el centro de Londres. Hay un tren que parte de la estación de Clapham Junction y que tarda unos minutos menos de dos horas en llegar, después de cruzar por paisajes típicos de la campiña inglesa. Por las ventanillas del vagón iban sucediéndose unas estampas bucólicas que no desaparecieron hasta poner los pies en mi estación de destino.

Para ver la sepultura de Mary Shelley, tuve que acercarme a la iglesia de San Pedro en el centro de la localidad. Recorrí el templo y, al no dar con el sepulcro, caí en la cuenta de que lo lógico es que estuviera en algún cementerio anexo a la iglesia.

Mi intuición no me traicionó y enseguida localicé la entrada al camposanto en uno de los laterales del templo. Empecé a moverme entre las lápidas leyendo con inquietud los nombres, a la espera de darme de bruces con la tumba de la mujer que había creado al doctor Frankenstein y a alguien más importante, su monstruo.

El cementerio era pequeño y por eso no me resultó difícil descubrir la tumba. La sepultura de piedra era de un color gris apagado y estaba desprovista de flores. Su simplicidad hace que las miradas no sean atraídas por ella como si su deseo fuera el de permanecer en el anonimato.

A los pocos días de nacer Mary, su madre murió debido a complicaciones derivadas del parto. Ese fue el motivo por el que su padre asumió el cuidado y la educación de la recién nacida y de su otra hija de tres años y medio.

La madre fue enterrada en el cementerio de Saint Pancras. Ese cementerio londinense acabó convirtiéndose en una segunda residencia para Mary. Era habitual que su padre la acompañara a visitar la tumba de su madre y allí se pasaban largas horas haciéndose compañía. Fue en el cementerio donde la pequeña aprendió a leer y fue allí donde practicaba la lectura, sentada en el suelo y apoyada la espalda en el sepulcro de su madre. Imaginarla en esa posición produce tristeza y ternura.

Voy a intentar poner un poco de orden en mi cabeza para explicarle la relación tórrida que vivieron Mary y Percy. Las fechas y los datos se me cruzan y en un papel aparte tomo notas con la esperanza de que me ayuden a organizar lo que, a continuación, pienso contarle. Intentaré por todos los medios que mi explicación no le resulte ni larga ni pesada

Uno de los intelectuales de los que William Godwin, padre de Mary, se rodeaba era Percy Shelley. El joven poeta consideraba a Godwin como un padre intelectual, además de ser quien hacía funciones de prestamista para las muchas deudas que, con ligereza, contraía el poeta. Era 1814, Mary Godwin tenía dieciséis años, cinco menos que aquel muchacho que se convirtió en su primer y gran amor. Percy huía de un matrimonio fracasado, aunque no se había separado legalmente y seguía viendo a menudo a su esposa.

Para escapar de las miradas, Percy y Mary se daban cita en el cementerio de Saint Pancras, quiero intuir que al cobijo de la tumba de la madre de Mary. En ese rincón del cementerio es donde probablemente quedó embarazada.

Shelley estaba en una posición delicada, puesto que estaba casado —y, además, su esposa también estaba embarazada—, a lo que se unía que ya no podía seguir pagando las deudas que mantenía con William Godwin.

La solución que encontraron los dos amantes fue fugarse al continente. La aventura fue breve, ya que carecían del dinero para subsistir. En menos de tres meses estaban de vuelta en Inglaterra, donde les esperaba un fuerte rechazo por parte del padre de Mary al que Percy nunca liquidó sus deudas.

A eso se añadió que el bebé, la niña concebida en el cementerio de Sant Pancras, nació prematura y no logró sobrevivir.

En 1816 la pareja realiza un viaje a Francia y a Suiza, y pasa el verano a orillas del lago Lemán, en la legendaria Villa Diodati, donde nacerá el germen que llevará a la creación de la obra que consagrará a Mary Shelley.

Mientras los amantes disfrutaban de su estancia en Suiza, la esposa del poeta, a los veintiún años, se suicidó tras enterarse de la relación que mantenían. Murió ahogada al lanzarse a uno de los lagos que pueblan Hyde Park.

A finales de ese mismo 1816, Mary y Percy toman la decisión de contraer matrimonio. La alianza solo duró seis años, hasta el día en que el velero del poeta naufragó. Mary nunca volvió a casarse. A las amistades que la intentaban animar a buscar una nueva pareja les repetía que habiendo estado casada con un genio, no podía casarse con un hombre que no lo fuera.

Contemplo de nuevo la tumba y mi impresión no cambia. La veo extremadamente austera, de color gris oscuro y demasiado grande, como si dentro, acompañando a Mary, estuviera el monstruo que había creado.

La pareja tuvo cinco hijos de los que solo uno sobreviviría a Mary. Aparte de la criatura de la que he hablado, que murió de forma prematura, vinieron al mundo otras dos hijas que fallecieron también al poco de nacer. Al siguiente lo llamaron William y se criaba fuerte y sano, Mary y Percy lo adoraban. A los dos años y medio, mientras se hallaban en Italia, el niño contrajo una repentina enfermedad y murió en Roma, probablemente a causa de cólera o fiebre tifoidea.

Cuando Mary tenía cuarenta y cinco años, de paso por Italia, quiso ver la tumba de su hijo. Por mucho que lo intentó no pudo encontrarla. Los cementerios italianos no tenían ningún tipo de orden ni censo medianamente fiable. Había viudas recorriendo desesperadas el cementerio sin poder localizar la última morada de su marido, padres que exigían explicaciones a los cuidadores y a la administración de dónde se encontraba enterrado su hijo. Nadie daba con el paradero de nadie en aquel caos. Si por suerte o casualidad se localizaba a alguien, no se podía asegurar que realmente fuera al que buscaban y no el cadáver de otra persona.

Pasados los años, un cáncer cerebral se le propagó por todo el cuerpo. Los enormes dolores de espalda la postraron sin poder moverse y perdió gradualmente la sensibilidad. A esa desgracia había que añadir que se quedó muda y debía hacerse comprender con signos cada vez más incomprensibles. En ese avanzado estado de deterioro, aún tuvo la fuerza suficiente para pedir que a su muerte la enterraran con sus padres en Londres, en el cementerio de Saint Pancras, en el mismo sepulcro en que recostada aprendió a leer.

La burocracia, enemigo público número uno del ser humano, impidió que se realizara ese enterramiento y acabaron dándole sepultura en el lugar donde yo estaba parado viendo su tumba, la iglesia de Bournemouth.

La vida en ocasiones suaviza la crueldad con que trata a los seres humanos y acabó cumpliendo su deseo de estar junto a su amado padre y a su ausente madre. Los cuerpos fueron transportados para ser enterrados con ella, según reza en la tumba; también se puede leer que allí se encuentra el hijo que la sobrevivió y su nuera. Mary está enterrada con los recuerdos que encontraron en su escritorio guardados bajo llave.

La tumba de Mary Shelley hace la función de un baúl en el que han sido depositado retazos de momentos vividos. En su interior se hallan diferentes partes y objetos de personas que la rodearon. Ya le he adelantado que Mary tuvo cuatro hijos y solo uno la sobrevivió. Guardó reliquias de todos ellos: un mechón de pelo, un pañuelo arrugado, un papel con un dibujo infantil, un diente de leche... Quería tener esos fragmentos presentes, como si con esas partes pudiera completar un nuevo cuerpo, un nuevo ser, emulando al doctor Frankenstein.

Antes le he hablado del día en que incineraron a Percy Shelley en la playa y del corazón del poeta que le fue entregado a Mary. Ese corazón lo mantuvo en su poder la viuda y acabaron enterrándolo en la tumba de Mary, de ahí que también aparezca en la losa el nombre del poeta Percy Shelley.

Mi visita a la iglesia de San Pedro en Bournemouth había terminado y desanduve el camino hacia la estación para coger el último tren de la tarde sin quitarme de la cabeza un comentario de Alphonse de Lamartine: «A menudo el sepulcro encierra, sin saberlo, dos corazones en el mismo ataúd».

Sugerencias

Película: le invito a contemplar *Remando al viento*, de 1988, dirigida por Gonzalo Suárez, quien con bastantes licencias nos cuenta lo que aconteció en Villa Diodati los días en que Mary Shelley gestó en su mente la novela

Frankenstein. Una película donde drama y romanticismo se dan la mano. Visualmente impecable.

Pintura: en homenaje a *El beso* de Brâncuşi —y a los besos en general—, el cuadro que me atrevo a sugerirle lo habrá visto cientos de veces. Es el archiconocido *El beso* de Gustav Klimt. No voy a analizar el refinamiento que nos remite a Bizancio ni a las diferencias de túnicas, la del hombre con geométricos angulosos de color blanco, negro y gris, mientras que la de la mujer tiene formas circulares, suaves y coloridas. Por mi parte, lo que veo en esa explosión de color y formas es la pasión en el hombre y el éxtasis en el rostro de la mujer.

Libro: *El jugador*, de Fiódor Dostoievski. Son variados los motivos por los que he elegido esta novela. Destaco el libro por la relación directa que tiene con Anna y Fiódor, al ser el vehículo que sirvió para unirlos y, por otro lado, por su enorme calidad y por su descarado trasfondo autobiográfico. Entre sus sublimes reflexiones destaca: «Es como un hombre que se va a ahogar y se agarra a una paja. Si no estuviera ahogándose, no confundiría la paja con el tronco».

Canción: en el apartado musical, le sugiero la canción de Salvatore Adamo «De l'autre côté du pont». Esa composición —bastante desconocida para el público en general— nos cuenta en pocas estrofas la triste historia de Admira y Bosko, los amantes de Sarajevo. Aquí dejo los primeros versos de tan triste balada de amor: «Admira y Bosko se amaban tiernamente. Pero en Sarajevo, ¿quién podría entender que el corazón de una musulmana pudiera latir por aquel que la razón condena? El serbio, el enemigo..., el enemigo».

Arte funerario: León Tolstói, junto con Fiódor Dostoievski, es uno de los máximos exponentes de la literatura rusa, y por ese motivo bien podría estar enterrado en un sepulcro de la misma majestuosidad de los que tienen los más grandes autores. Sin embargo, fiel a su amor por la naturaleza y por la vida sencilla, Tolstói eligió que su tumba no tuviera estridencias y fuera enterrado en su finca rural de Yásnaia Poliana, a corta distancia de la ciudad rusa de Tula. La tumba es fácil de describir, pues es un rectángulo de hierba de pasto que, a veces, según la estación del año, lo envuelve la nieve o es cubierto por las hojas de otoño.

Antes de morir, Tolstói pidió ser enterrado en un lugar donde solía jugar con su hermano Nikolái. En contra de los deseos de su esposa, Tolstói insistió en que su tumba no tuviera inscripción. El escritor Stefan Zweig la definió como la tumba más bella, impresionante y triunfal del mundo.

3

MIS VIAJES CON ELLA

Mi esposa, como le conté en el capítulo dedicado a París, no era lo que se dice aficionada a visitar cementerios, aunque eso no significa que pusiera demasiadas pegas en acompañarme si existía algún motivo de importancia que despertara su curiosidad.

Cada vez que pienso en ella, es como si la tuviera a mi lado y con solo estirar la mano pudiera tocarla para darme fortaleza en los momentos de duda. Tardé en acostumbrarme a su ausencia, y aun pasados tantos años no lo he conseguido del todo; siempre algún detalle me la hace recordar. Sin ella nada tenía sentido y me pasaba las horas muertas mirando en los álbumes familiares las fotos en que aparecía.

Garabateando estas notas he vuelto a detenerme a echar un vistazo a esos viejos álbumes. Allí, en todas las fotos, aparecía con esa sonrisa perenne que adornaba a cualquier hora su cara. En esas instantáneas daba lo mismo el decorado, lo importante no era lo que la rodeaba, mis ojos solo tenían como destino la mujer con quien compartí los años más hermosos de mi vida.

Sea benévolo con estos momentos de nostalgia que suclen acompañarme de vez en cuando. Esas nuevas visiones de las fotografías me hicieron recordar detalles que tenía olvidados y que reaparecieron de nuevo, porque como bien dejó señalado el poeta romano de origen hispano Marco Valerio Marcial, «poder disfrutar de los recuerdos de la vida es vivir dos veces».

Miré las fotografías con fijeza intentando colocarlas en el apartado exacto de mi vida y aquí le cuento lo que me hicieron recordar.

9. Cementerio de Roermond (Países Bajos)

Los veranos, mi esposa y yo solíamos perdernos por Europa en una autocaravana. Nos movíamos sin prisas, sin un rumbo prefijado, y el destino, la mayoría de las veces, solía ser lo menos importante. La autocaravana no dejaba de ser un vehículo sencillo, aunque debo reconocer que no echábamos en falta ninguna comodidad básica que nos hiciera sentir incómodos ni añorar más de lo necesario nuestro hogar. Durante los primeros desplazamientos, conducía despacio con el infundado temor de que la fuera a perder al tomar alguna curva cerrada. Con el discurrir de los años y la práctica, comencé a hacer pequeñas temeridades que siempre recibían la desaprobación de mi esposa.

Era la autocaravana un hotel con ruedas que nos permitía dormir, comer y descansar en el lugar que buenamente el cuerpo nos pedía. Se trataba de aventuras sin grandes riesgos que nos divertían y durante las cuales vivíamos momentos que, al regresar a casa, recordábamos con tanta intensidad que parecía que volvíamos a revivirlos. Uno de los veranos nos pusimos como itinerario visitar parte de los Países Bajos, Bélgica y Alemania, naciones que por esas fechas todavía no conocíamos.

Mi misión consistía en ser el encargado de conducir, mientras que mi esposa hacía las funciones de guía y copiloto, ayudada de un viejo libro de viajes que, además de mostrar mapas daba explicaciones de los puntos más curiosos con los que nos cruzaríamos en la ruta. En nuestro paso por los Países Bajos recomendaba, en unas escuetas líneas, un cementerio que se podía visitar en una ciudad llamada Roermond, de la que según podía apreciarse en el mapa no nos hallábamos demasiado alejados. No me atreví a decirle que podíamos acercarnos, puesto que tenía claro que no estaría de acuerdo con esa insinuación de merodear por un cementerio. Ella siguió leyendo la página en la que resaltaba la visita a una tumba, en realidad dos, que recibía el nombre de la Tumba de las Manos.

Iba decidido a pasarme de largo la encrucijada en que se indicaba el desvío a Roermond, cuando mi esposa me sorprendió al decirme que por qué no nos acercábamos hasta allí y veíamos esa tumba de la que hablaba el libro que sujetaba en sus manos.

Con notable sorpresa por oírle esa sugerencia, reduje la velocidad y tomé el desvío hacia la población de Roermond, y a no tardar localizamos el cementerio. Dentro no había mucho en lo que fijarse, a no ser que se sea familiar directo o amigo íntimo de quienes se hallan enterrados. Temí que la tumba que citaba la guía y había llamado la atención de mi esposa fuera a defraudarla. Posiblemente era un simple reclamo para turistas, esas recomendaciones a las que nos acercamos cargados de expectativas y nos alejamos defraudados.

Paseamos junto al ancho muro que servía de separación para los enterramientos católicos y protestantes, según leía mi esposa en voz alta. Siguiendo la gruesa pared nos dirigíamos hacia la tumba a la que se refería el libro. Una doble sepultura que guarda en su interior un matrimonio que vivió y murió en el siglo XIX. Mi esposa leyó que sus ocupantes se llamaban Jacob Werner Constantin van Gorkum y Josephina van Aefferden. Lo de Van Gorkum y Van Aefferden lo pronunció despacio, remarcando las sílabas, con un sonido en cierta medida robotizado. Por comodidad, a partir de entonces al hablar de los protagonistas se dirigió de forma más familiar, cómoda y comprensible llamándolos Josephina y Jacob.

Jacob era coronel de caballería del Ejército neerlandés. Había nacido en Ámsterdam en el seno de una familia de religión protestante y con un marcado sentimiento militar. Fue uno de los militares holandeses que se establecieron en la parte neerlandesa de la provincia de Limburgo, en concreto en Roermond, a consecuencia del Tratado de Londres de 1839 por el cual se había dividido la provincia en dos, quedando la parte oriental en manos de los Países Bajos y la parte occidental bajo poder belga.

Josephina pertenecía a una familia católica de la alta burguesía de Roermond. Dos de sus hermanos habían formado un batallón de soldados por cuenta propia, una especie de guerrilla, con el objetivo de luchar del lado belga contra los neerlandeses durante la guerra belga de secesión. Ese era uno de los motivos por el cual los neerlandeses no les caían especialmente bien.

Jacob y Josephina se conocieron y se enamoraron, pero existían elementos para que esa unión tuviera una serie de inconvenientes que dificultaban que llegara a buen puerto. El primer obstáculo —ya lo habrá deducido— lo ocasionaba que Jacob era protestante y Josephina católica; el segundo que sus familias habían luchado en lados opuestos en la guerra ocurrida unos años antes. Seguimos añadiendo dificultades. Eran de clases sociales bien diferenciadas, porque mientras él, aunque teniente del Ejército, no dejaba de ser un plebeyo, ella era de noble cuna y estaba destinada a casarse un día con alguien de extracción noble. Lo menos importante es que Jacob era 11 años mayor que Josephina.

Como no hay cárcel que pueda enjaular el amor, determinaron casarse. Esa decisión fue duramente condenada por la familia de Josephina y causó un gran revuelo en Roermond, ciudad mayoritariamente católica. Para no provocar enfrentamientos, su boda se celebró en la ciudad alemana de Pont, cerca de Geldern, justo al otro lado de la frontera, a unos cincuenta kilómetros.

Tuvieron varios hijos ignorando las habladurías de la gente del pueblo que veían con malos ojos la alianza. Nuevamente, las religiones eran un impedimento que ponía en peligro la felicidad. Cada vez que se disponían a escolarizar a sus hijos surgían problemas sobre su credo religioso, al igual que cuando necesitaban utilizar los servicios de un hospital. Todas las puertas les eran cerradas. Ninguna de esas contrariedades logró que su amor perdiera la intensidad que habían sentido desde el primer día en que se miraron a los ojos.

Josephina percibió que hasta en la muerte la sociedad se encargaría de mantenerlos separados, no permitiendo que fueran enterrados juntos.

Existía la costumbre de que a los practicantes de estas dos ramas cristianas, catolicismo y protestantismo, no se les consentía ser enterrados en el mismo cementerio. Era ese el motivo por el cual el cementerio local estaba dividido por un grueso muro de ladrillo que servía para separar a los católicos de los protestantes, convirtiendo en dos cementerios lo que correspondería ser solo uno. Para vencer esa contrariedad, el matrimonio decidió idear un sistema que les permitiera estar enterrados uno al lado del otro cuando les llegara la hora de abandonar este mundo, y de esa forma vencer los convencionalismos religiosos. Las sensaciones que sentían no debían de ser muy diferentes a las que vivieron la católica Léonie y el judío Daniel, que le presenté en el cementerio de Montmartre.

Compraron una parcela en el apartado protestante, en la zona más pegada al muro, para que cuando muriera Jacob fuera enterrado en esa porción de tierra. También se encargaron de comprar otra parcela idéntica en el lado cristiano colindante a la de Jacob. Solamente las mantenía separadas el grueso muro que delimitaba las religiones.

Cuando Jacob falleció en agosto de 1880, después de treinta y ocho años de casado, fue enterrado en la sección protestante. Ocho años después a quien llegó la muerte fue a su esposa. Tras el fallecimiento, sus cinco hijos respetaron lo que siempre habían oído a sus padres, que era que deseaban estar enterrados juntos. Entonces encargaron una tumba doble con dos lápidas casi idénticas que colocaron a ambos lados de la pared.

Al final, sin demasiado esfuerzo y siguiendo el muro, habíamos llegado a la famosa tumba de las manos y podíamos contemplarla sin necesidad de imaginarla. Las lápidas de las tumbas son neogóticas y se hallan colocadas sobre una base de piedra caliza. Apoyadas en la pared hay colocadas unas estelas más altas que el muro que las separa. En la parte superior de cada una de las lápidas hay una cruz y alrededor de sus bases una valla semicircular de hierro forjado. En los escudos de armas cincelados en lo alto de las estelas se puede leer: *Vivit post funera virtus*, que traducido viene a decir algo similar a: «La virtud sigue viva después de la muerte».

Esa imagen era el estandarte de la victoria del amor sobre la muerte y una bofetada a las religiones mal interpretadas. Las dos sepulturas, separadas en sus bases, se convertían en un solo monumento funerario gracias a la escultura de las dos manos que les servía de punto de unión. Es fácil distinguir cuál es la mano de Jacob y cuál la de Josephina, puesto que en una de ellas, la que sale del lado cristiano, se entrevén las puntillas de la manga de la blusa.

Antes de dejar atrás el cementerio de Roermond, mi esposa me pidió que le hiciera una foto con la Tumba de las Manos a su espalda. Me resultó extraña su petición, pero no hice ningún comentario. Cada vez que miro esa foto imagino que las manos entrelazadas en lo alto del muro son la suya y la mía. No puedo evitar recordar una frase de Mark Twain: «Estoy agradecido de que hayas nacido, de que tu amor sea el mío, y de que nuestras dos vidas estén entretejidas y soldadas».

10. Cementerio de Laeken (Bélgica)

Nos levantamos temprano. El día anterior, después de visitar el cementerio y la ciudad de Roermond, habíamos aparcado en las afueras de Lieja, donde hicimos noche. Los trinos de un ruiseñor o lo que creí que era el canto de un ruiseñor, fue nuestro dulce despertador. Nos desperezamos y nuestra primera acción fue comprobar que el cielo estuviese despejado. Para lo que íbamos a ver necesitábamos que hiciera sol, un sol radiante de primavera.

Si nos habíamos puesto en pie a esa hora de la mañana, se debía a que nuestra intención era llegar lo antes posible a Bruselas. La premura la originaba que a las doce del mediodía en punto, de ese día en particular y en un lugar de Bruselas, se iba a producir un prodigio que, únicamente, puede ser contemplado una vez al año, el 21 de marzo. El sitio exacto donde iba a ocurrir esa curiosidad era en el cementerio de Laeken. Cualquier contratiempo que nos ocurriera en el trayecto nos impediría asistir a la visión de ese fenómeno, que tantas ganas teníamos de observar.

Para situarle, le diré que Laeken nació siendo una comuna independiente de la capital y acabó convirtiéndose con los años en lo que es hoy en día, un barrio residencial lleno de jardines.

El cementerio al que nos dirigíamos está al lado de la iglesia de Notre-Dame, templo que detrás de su ábside da cobijo al panteón real donde descansan un buen número de monarcas belgas desde hace un par de siglos. La última persona en ser enterrada fue la reina Fabiola de Mora y Aragón en el 2014, año de su fallecimiento. También en la zona de Laeken se puede fotografiar el Palacio Real en el que residen los actuales reyes de Bélgica, Felipe y Matilde.

Ninguno de esos destinos, ni el palacio ni el panteón real, tenía interés ese día de marzo en que nuestra autocaravana tomaba la dirección al cementerio de Laeken.

Llegamos a Bruselas dentro del plazo que nos habíamos propuesto, aunque durante un buen rato padecí por miedo a no llegar a la hora prevista. Un despiste en un cruce de carreteras, al tomar un desvío en lugar de otro, me puso el corazón en un puño con la inquietud de no poder llegar a tiempo. Fue una falsa alarma, por fin dimos con el cementerio, momento en que aproveché para soltar un suspiro de alivio.

Teníamos por delante menos de media hora de plazo antes de que ocurriera el fenómeno y eso nos obligó a ir a paso ligero, evitando que nos fijáramos en la riqueza del patrimonio funerario que contiene el camposanto. Íbamos, al menos yo, con la vista puesta en el frente como si me hubieran colocado unas anteojeras y solo fuera capaz de avistar lo que tenía delante. Las tentadoras lápidas no debían convertirse en sirenas que con sus cantos me desviaran del destino prefijado.

Ahora me vuelve fresco el recuerdo de que paramos unos segundos para echar una rápida mirada a la capilla donde reposan los restos de la *mezzosoprano,* hija de padres españoles, María Felicia García Sitges, conocida en el mundo artístico como María Malibrán.

María Malibrán es, posiblemente, el primer mito romántico que nos ha dejado la ópera. En su persona se juntaban las virtudes de ser bella, seductora, vocalista virtuosa y actriz sublime, si nos atenemos a lo que se publicó en las crónicas de la época. Embarazada, sufrió una caída de un caballo durante el verano de 1836, lo que le provocó un buen número de heridas internas. Sin hacer caso a los consejos médicos, decidió seguir preparando la siguiente obra que tenía intención de interpretar y que era el *Andrónico* de Saverio Mercadante. En Mánchester, durante los ensayos, cayó desvanecida en medio del escenario después de interpretar el dúo «Vanne se alberghi in petto». Había realizado un esfuerzo superior al que su cuerpo fatigado podía aguantar. Aunque recibió los tratamientos disponibles, nada se pudo hacer por ella y después de ocho días de agonía falleció.

El cuerpo sin vida de María Malibrán fue trasladado al cementerio de Laeken. Tenía veintiocho años, y a esa temprana edad quedaba truncada la carrera de una de las más importantes cantantes de ópera de la historia.

Alrededor de su tumba no pude evitar el recuerdo del inicio del poema que Alfred de Musset le dedicó dos semanas después de su muerte:

Sin duda, es demasiado tarde para volver a hablar de ella;
desde que ella ya no está, han pasado quince días,
y en este país quince días, lo sé,
hacen que una muerte reciente sea noticia vieja.

Nuestro destino ya se hallaba cerca, nos separaba tan solo un corto trecho, a lo sumo unos cinco minutos. El protagonista que envuelve la historia era un marmolista bruselense de nombre Léonce Evrard. La fama que lo acompañaba era por sus realistas esculturas; en especial, era reconocido por algo más funcional, como era realizar maravillosas chimeneas ornamentales utilizando diferentes tipos de piedras.

Devastado por la muerte de su esposa Louise Flignot, ocurrida en 1916, decidió construir un hermoso mausoleo. Hasta el momento, la historia no depara nada diferente a la de cientos de historias que no aparecerán en ningún libro, pero deje que le siga contando.

Era tan intenso el amor que sentía Léonce por Louise que se convirtió en una obsesión crear algo que fuera recordado más allá de su muerte. Que el mundo tuviera presente ese amor a pesar del paso de los años.

Delante de la cripta que encierra los cuerpos de Louise y de Léonce, se hallaba un buen número de turistas con sus cámaras dispuestas a apresar un momento mágico que iba a ocurrir cuando los relojes marcaran las doce. En los rostros se distinguía la tensión del cazador de instantáneas que tiene miedo a que por un error se le acabe escapando la imagen y no tenga la oportunidad de intentar volver a capturarla.

No tiene mayor interés, pero se me había olvidado decirle que Léonce sobrevivió a su mujer solamente tres años. Posiblemente, la tristeza ayudó a acortar su vida.

Subimos una corta escalinata de unos tres peldaños y cruzamos entre medias de unas grandes columnas. Nos introducimos en el interior de una capilla de estructura hexagonal y de marcado estilo neoclásico. Dentro, nos fijamos en la estatua de una mujer afligida. Esa figura la esculpió con sus propias manos Léonce Evrard. Fue entonces cuando miramos hacia el lugar que los guías turísticos indicaban a sus clientes, allí donde se produciría el prodigio que habíamos ido a ver. En ese instante se materializó de súbito el milagro que estábamos esperando.

A mediodía del solsticio de verano, la luz del sol entró por una de sus ventanas y formó en la pared trasera de la capilla la silueta de un corazón. Ese corazón gigante estaba sobre la parte superior de la mano de la estatua de una mujer en duelo. Un recordatorio del amor eterno que trasciende la muerte.

Lo más curioso es que este singular espectáculo de luz, ese golpe de efecto, no formaba parte del diseño original. Léonce Evrard no tenía ni idea que cada solsticio de verano se producía tan impresionante imagen. La naturaleza ayudó a inmortalizar a Louise y Léonce.

La foto de ese corazón proyectado en la pared de la capilla del cementerio de Laeken figura en el álbum que vuelvo a contemplar, y me acuerdo lo que Van Gogh escribió en una de las cartas que envió a su hermano Teo: «Es bueno amar tanto como se pueda, porque ahí radica la verdadera fuerza. Y el que mucho ama realiza grandes cosas y se siente capaz, y lo que hace por amor está bien hecho».

11. Mausoleo real de Frogmore (Gran Bretaña)

Nuestra visita al mausoleo real de Frogmore estuvo motivada por la casualidad. En nuestros planes no entraba ir a Inglaterra, lo previsto para esas fechas era estar con el hermano de mi esposa en París, pero ocurrió que, ese año, la empresa donde trabajaba me había obsequiado con un viaje para dos personas, como recompensa a mis buenos resultados comerciales en el ejercicio del año anterior. El premio consistía en un viaje a Londres y sus aledaños para dos personas con todos los gastos pagados. Según indicaba el folleto que se nos entregó, los aledaños se reducían a una excursión a Oxford y otra al castillo de Windsor. Así que preparamos las maletas y nos fuimos a Londres durante una semana, formando parte de un grupo de veintidós compañeros de la empresa, con sus respectivas esposas, llegados desde diferentes provincias.

De la visita al castillo de Windsor no recuerdo especialmente ningún detalle, para mí un castillo es tan parecido a otro castillo como a mi esposa le resultaba idéntico un cementerio a otro cementerio. La guía, al terminar el recorrido por el castillo, se ofreció a mostrarnos, fuera de programa, el mausoleo real de Frogmore, que solo distaba ochocientos metros de donde nos encontrábamos.

La guía era una chica pelirroja, con pecas y con gafas de pasta que le daban un aire entre travieso e intelectual. Su edad, a simple vista, resultaba indefinida, como suele pasar con las chicas pelirrojas, con pecas y con gafas. Ella se enclavaba sin discusión en el apartado de las jovencitas. Hablaba un español exquisito con un ligero y divertido acento andaluz. Sorprendía la extraña conjunción que formaba la gracia andaluza prisionera en un cuerpo anglosajón. Aparte de ser pelirroja, nada hacía adivinar que era inglesa, ni tan siquiera su nombre, ya que nos dijo al presentarse que era Lola. Con esa información resultaba imposible comprender que una chica que vivía en el barrio londinense de Bloomsbury, como era su caso, pudiera pasearse por el Reino Unido llevando el nombre de Lola. El misterio quedó resuelto cuando al cabo de un rato, en que ya existía cierta familiaridad en el grupo, declaró haber nacido en Gibraltar.

No tardamos en divisar el mausoleo. Nos habló de su forma de cruz griega, con un octágono central. Los muros de granito y cemento Portland, y aclaró —sin nadie preguntárselo— que recibe la designación de Portland porque posee el color similar al de las rocas de la isla de la cual toma su nombre. Los techos del edificio, informó, están cubiertos de cobre traído de la colonia más lejana de las posesiones británicas, Australia.

Esa información le sirvió para que, a continuación, explicara que la reina Victoria I de Inglaterra gobernó la cuarta parte del planeta. Lo dijo sin demostrar ningún tipo de pasión nacional, como quien recita una letanía, con aire monótono y sin demostrar candor.

En la puerta de bronce que da acceso al interior aparecía escrita una cita en latín: «Príncipe Alberto, que era mortal. Quiso ser enterrado en esta tumba. La viuda de luto, la reina Victoria, el año de Nuestro Señor 1862. ¡Adiós, el más deseado! Aquí al final. Descansaré contigo. Resucitaré contigo en Cristo».

Después de leernos la cita, nos invitó a que la siguiéramos y entramos en el mausoleo.

Victoria de Hannover y Alberto de Sajonia-Coburgo se conocieron en 1836, cuando Alberto realizó un viaje desde su Alemania natal a Londres para la conmemoración del decimoséptimo cumpleaños de la princesa Victoria. El rey Leopoldo I de Bélgica, tío de Victoria, fue el encargado de presentarlos y ejerció de casamentero. Aunque la chica en vez de decir «casamentero» pronunció de forma simpática la palabra «alcahuete».

Victoria y Alberto se enamoraron al instante. De ese primer contacto visual, Victoria escribe en su diario sobre la hermosa nariz y la dulce boca de finos dientes de Alberto y se la nota fascinada por el encanto de su rostro, que describe como lleno de bondad y dulzura, y muy astuto e inteligente. Poco se puede añadir a esas descripciones, escritas por una muchacha que ha quedado prendada del joven que hacía unas horas había llegado de Alemania y la tenía turbada.

El año siguiente de conocerse, Victoria, con 18 años recién cumplidos, asciende al trono y pasa a convertirse en la reina Victoria I, con tratamiento de su majestad imperial. La ceremonia de coronación tuvo lugar el 28 de junio de 1838 en la abadía de Westminster. En esa coronación se puede afirmar que comenzó la denominada «época victoriana», un periodo caracterizado por los profundos cambios políticos, culturales, económicos y sociales, además de producirse a su vez la gran expansión del Imperio británico. Si la criatura de Julio Verne, Phileas Fogg, pudo emprender y finalizar la vuelta al mundo en ochenta días, fue gracias a ese Imperio que tenía posesiones en los cinco continentes.

No todo era del color de rosa para la joven y soltera Victoria. La tradición dictaba que nadie podía proponerle matrimonio a un monarca reinante, motivo por el que Alberto no tenía oportunidad de solicitar la mano de su amada. Por lo tanto, Victoria fue quien se las tuvo que ingeniar para proponerle matrimonio cuando, en octubre de 1839, Alberto la visitó por segunda vez en el castillo de Windsor.

La boda real de Victoria y Alberto marcó el inicio a varias tradiciones que, en la actualidad, se muestran presentes. La reina rompió con la costumbre de casarse vestida de colores y eligió para ese histórico día un vestido blanco de satén de seda, con una falda bordada, mangas abullonadas, escote de hombros y un gran volante de encaje. Si eligió este diseño, no era por lo bella que la pudiera hacer, era un signo de su deseo de apoyar la industria textil inglesa. El día anterior a la boda, la abuela del príncipe Alberto le dio a la reina Victoria un trozo de mirto, símbolo de la buena suerte en el amor y en el matrimonio. Ella lució ese mirto en su ramo de novia cuando se dirigió con toda la pompa al altar.

Rompiendo con el protocolo real de celebrar ceremonias de bodas privadas por la noche, Victoria estaba decidida a permitir que su pueblo viera la procesión nupcial a la luz del día, y así fue como el 10 de febrero de 1840 una multitud abarrotaba las calles de Londres vitoreando a los novios.

En los casi veintiún años que permanecieron casados engendraron nueve hijos. Los sentimientos de la reina hacia su esposo quedan sobradamente expresados en uno de los escritos anotados en su diario personal: «Con su gran amor y afecto me ha hecho sentir que estoy en un paraíso de amor y felicidad, algo que nunca esperaba sentir. Me cogió en sus brazos y nos besamos una y otra vez. Su belleza, su dulzura y su amabilidad, nunca podré agradecer suficientes veces tener un marido así».

Cuando el príncipe Alberto murió de fiebre tifoidea a finales de 1861 con tan solo cuarenta y dos años, Victoria quedó devastada. Su estado era inconsolable. En su desesperación escribió a su hija mayor y le preguntó: «¿Cómo yo, que dependía de él para todo, sin quien no hacía nada, no movía un dedo, no arreglaba una estampa ni una fotografía, no me ponía un vestido ni un sombrero si él no lo aprobaba, seguiré adelante, viviendo, moviéndome, ayudándome en los momentos difíciles?».

La reina Victoria se propuso que hasta el final de sus días vestiría de negro en riguroso luto, así como toda su corte. Se retiró de los compromisos públicos y sociales y se hizo rodear de imágenes de su difunto esposo. No se dejó ver en público en un plazo de tres años Las habitaciones donde había descansado Alberto se conservaron como si fuera a utilizarlas esa misma noche. Diariamente, se disponía de agua caliente para que el príncipe se afeitara cada mañana. La afligida reina también buscó consuelo encargando estatuas y monumentos en su memoria. Londres está lleno de esas demostraciones arquitectónicas de amor entre las que destacan el Albert Memorial o el Royal Albert Hall, que el día anterior habíamos contemplado en la visita por la ciudad.

Tres meses después de la muerte del príncipe consorte, Victoria colocó la primera piedra del mausoleo dedicado a su esposo y fue consagrado en diciembre del mismo año. Sin embargo, la decoración no se completó hasta pasados diez años. En el encargo estaba bien estipulado que todo debía estar relacionado con la memoria del difunto monarca. Su intención era que en el interior, los visitantes encontraran un colorido inspirado en la pasión que le despertó su consorte.

La pieza central del mausoleo es el sarcófago que contiene los restos de los difuntos. La pareja está representada en efigies yacentes en mármol. Alberto viste su uniforme de mariscal de campo y su Orden de la Jarretera. La figura de Victoria se completó al mismo tiempo que la de su esposo y se mantuvo custodiada en un almacén a la espera de su muerte. El sarcófago descansa sobre un bloque de mármol belga negro.

La reina Victoria, tras su muerte a los 81 años, en 1901, fue enterrada al lado de su amado Alberto. Se rompió así la tradición real de dar sepultura a los monarcas en la abadía de Westminster o en la capilla de San Jorge de Windsor, que hasta entonces había prevalecido, y los dos terminaron reunidos en el mausoleo real de Frogmore.

Después de la visita, las veintidós parejas junto con Lola y el conductor nos subimos en el autocar que nos conduciría a un hotel de cinco estrellas, en la zona de Piccadilly Circus. En el trayecto, Charles Dickens, uno de los más reconocidos novelistas victorianos, envió a mi mente una cita de amor que dejo aquí escrita: «Un hombre tiene suerte si es el primer amor de una mujer. Una mujer tiene suerte si es el último amor de un hombre».

Sugerencias

Película: *Su majestad, Mrs. Brown,* dirigida en 1997 por John Madden. El argumento se centra en la desolación que sufre la reina Victoria tras la muerte de su marido, el príncipe Alberto. Nada la consuela, a excepción de las charlas con su sirviente personal, un caballero escocés, John Brown, quien le sirve de desahogo y con quien mantendrá una relación de amistad por encima de las barreras que marca el protocolo.

Pintura: destaco *Matrimonio de la reina Victoria* entre los centenares de cuadros en los que se muestra a la reina Victoria. Salido de los pinceles del pintor inglés George Hayter, es considerado una obra maestra del arte victoriano. A la elegante composición, detallista al máximo, hay que sumar sus colores puros y luminosos, en los que se puede distinguir a Victoria y a Alberto en el centro de la representación.

Libro: *Pedigrí*, del belga George Simenon, se halla entre mis libros de cabecera. Por eso le ruego que algún día lo lea. Simenon tenía problemas cardiacos y los médicos le vaticinaron una vida corta. Era 1940 y su hijo no había cumplido el año de edad. La noticia le afectó de tal manera que sufrió una crisis existencial. A pesar de que el diagnóstico resultó erróneo, decidió escribir el libro con el que buscaba recuperar su infancia y su primera juventud, y legar a su hijo la memoria de unos años que un falso diagnóstico habían puesto en peligro. En primera persona, describe la vida de su familia en Lieja, ciudad que recordará que fue donde dormí con mi esposa en la autocaravana antes de dirigirnos al cementerio de Laeken.

Canción: no puedo evitar homenajear a María Malibrán. El 5 de junio de 1825, el Royal Theatre de Londres sería testigo del talento de la *mezzosoprano* ganándose el respeto del público y de la crítica, desempeñando con maestría el papel de Rosina en *El barbero de Sevilla* de Gioachino Rossini. Tenía tan solo 17 años y empezaba su carrera imparable, que iba a conducirla a lo más alto. Siéntese y disfrute del aria «Una voce poco fa». Para tal menester le propongo dos entre las que elegir; por un lado, la registrada por Maria Callas y por otro la grabada por Cecilia Bartoli. Ambas tienen el interés suficiente para ser remarcadas.

Arte funerario: rompiendo la norma, no le voy a indicar un cementerio, sino la sala 10 del Museo del Louvre donde se hallan una serie de esculturas francesas del siglo xv. De entre todas las que se pueden ver, le recomiendo una realizada en piedra caliza. La escena reproduce una procesión de enterramiento. La losa se apoya en ocho encapuchados frailes dolientes, tallados en piedra negra, cuatro a cada lado. Sobre la losa yace el militar y diplomático Philippe Pot, vestido con armadura, las manos unidas en posición orante y acompañado de un perro acostado a sus pies. Fue encargada por el propio Philippe Pot alrededor del año 1480, trece años antes de su muerte, para ser utilizada en su entierro; quizá por eso el yacente mantiene los ojos abiertos y las manos juntas en oración.

4

PRIMORES DE LO VULGAR

(España)

Le animo a que de vez en cuando, aprovechando quizá un fin de semana en que no tenga ocupaciones ni compromisos, o en fechas en que llegue un puente laboral, o cuando tenga encima la Semana Santa, vagabundee por España. No tenga prisa, solo fíjese un rumbo y parta hacia él sin importarle si llega o no al destino que había elegido al principio de su andadura. No busque, deje que le encuentren. En los puntos intermedios es donde muchas veces se paladean las mejores historias. Cuando esté en esos lugares, deje que le hablen las piedras de los caminos, que los monumentos cansados de siglos de silencio le expliquen lo que han visto en su larga soledad y no pierda la oportunidad de aprovechar unos minutos para hablar con la gente humilde que le surgirá en el camino. Haga caso a Henry Miller: «Nuestro destino de viaje nunca es un lugar, sino una nueva forma de ver las cosas».

El gran escritor José Martínez Ruiz, *Azorín*, ensalzaba lo que daba en llamar «los primores de lo vulgar». Con esa expresión quería hacer resaltar y elevar la belleza de lo rústico. Esa lección de vida que nos enseñan las cosas simples y en las que se refugia la grandeza de lo natural y de donde brotan las más puras y auténticas esencias de que es capaz de almacenar el corazón del ser humano.

Lo que sigue, a continuación, son algunos primores de lo vulgar que he ido acumulando y coleccionando, a lo largo de mis viajes a cementerios repartidos por las tierras de España.

12. Cementerio de San Martín (Alfaro, La Rioja)

Hace ya muchos años, por cuestiones de trabajo, solía desplazarme al menos una vez al trimestre de Barcelona a Bilbao. En ese trayecto a mi paso por tierras de La Rioja solía hacer una parada que aprovechaba para almorzar en un mesón de Alfaro donde solían detenerse una buena cantidad de camioneros lo cual era garantía de buena comida de excelente calidad, atención correcta y precio ajustado.

En uno de esos viajes, estando acomodado a una de las mesas del establecimiento, oí, sin pretenderlo, lo que hablaba la pareja sentada a la mesa contigua. En aquellos años yo contaba con buen oído y encima, en mi descargo, debo confesar que tanto ella como su acompañante poseían un timbre de voz tan penetrante que no había que esforzarse para oírlos. Ese fue el motivo por el que, más bien que mal, acabé introduciéndome en su conversación, pues los escuchaba con absoluta nitidez. El tema giraba en torno a una persona enterrada en el cementerio de la localidad. Hasta ese punto nada hubiera despertado mi atención, si no es porque oí pronunciar que esa persona estaba enterrada de pie. Si hasta entonces escucharlos había sido un acto casual, a partir de entonces no pude evitar agudizar el oído para intentar enterarme mejor de lo que se contaban. Y así es como conocí que el muerto se llamaba José y que se había enamorado locamente de una chica de la que nadie le había dado razón de su nombre, solo que había venido como sirvienta a España desde Cuba.

Era el primer caso que escuchaba de un muerto enterrado de pie en España. Lo que sí conocía es que, en ciertas religiones —me viene a la memoria el cristianismo ortodoxo—, enterrar a los difuntos en posición erguida simboliza la resurrección y la ascensión al cielo, y también estaba al corriente de un muerto en Cuba que también descansa de pie, que si repasa en su memoria, recordará que se lo conté en su día a mi paso por el cementerio de Colón de La Habana.

Era tan interesante lo que había oído, que me entraron unas ganas enormes de acercarme al lugar del que hablaban para contemplar con mis propios ojos el sitio en que se hallaba enterrada esa curiosa persona, que no se tumbó ni siquiera después de la muerte. A mi favor contaba que no suponía ningún problema llegar a Bilbao una hora más tarde de la prevista, pues hasta el día siguiente no había programado la reunión con unos industriales vascos y la habitación en el hotel Arana la tenía reservada, así que no había problema en que me personase a la hora que me apeteciera sin miedo a quedarme sin alojamiento.

El dueño del mesón a mi pregunta del camino que debía seguir para llegar al cementerio me contestó que siguiera recto, y que cuando llegase al final de la calle, girase a la derecha. Empleó el mismo tono con que informaba a quien le preguntaba dónde se encontraban los aseos. Respuesta que me demostró que con pocas explicaciones se puede llegar hasta los sitios más insospechados.

Con la indicación precisa del mesonero y lo que había oído a la pareja del restaurante no tuve dificultad en darme de bruces con la tumba de la que con interés había oído hablar.

A primera vista, esa tumba me recordó —disculpe mi desafortunada comparación poética— la garita de guardia de un cuartel, ¡eso sí!, herméticamente cerrada por todos sus lados para que al centinela no le fueran a entrar ganas de desertar. Ese enterramiento con forma de torre, realizado en piedra, contaba con una cubierta a dos aguas sobre la cual se mostraba orgullosa una cruz. Era ese el lugar donde yacía el enamorado, el tal José, de una historia que reunía los ingredientes necesarios para una tragedia romántica.

Con extrañeza me percaté de que la tumba estaba encarada en sentido opuesto al resto; o sea, que mientras que los otros enterramientos me mostraban sus lápidas para que pudiera leer los nombres de quien descansaba en su interior, la que en verdad me interesaba me lo ocultaba. Ese inconveniente hizo que tuviera que moverme y dando la media vuelta alrededor de la verja que la protegía pude leer la inscripción: «El Sr. José Mauleón y Giménez. Falleció el día 11 de enero de 1869 a los veintiocho años de edad. RIP».

Se cuenta que a mediados del siglo XIX vivía en Alfaro José Mauleón, quien procedía de una familia acaudalada de la comarca. El joven José se quedó profundamente prendado de una sirvienta cubana que estaba al servicio de otra familia de posibles de la localidad, los Sáenz de Heredia. Una vez más queda demostrado que el verdadero amor no se mueve por bienes materiales. En esos años, el hecho de que un señorito de buena familia se enamorara de una sirvienta era algo impensable, y pasaba a convertirse en un amor imposible que solo podía mantenerse a escondidas. Se podía disfrutar de las criadas, pero nunca cometer el desliz de convertirlas en señoras. Una cosa era el deseo carnal y otra muy distinta las conveniencias sociales.

Nacieron encuentros furtivos entre los dos jóvenes. Quiero imaginar que en noches de luna llena intercambiaron caricias, palabras de amor sonaron en noches de luna creciente y como un dardo voló algún beso clandestino tras un verso o una tonadilla.

Nunca sabremos si aquel amor clandestino hubiera podido llegar a más, saltándose los convencionalismos o dejando a un lado el qué dirán por la diferencia de clase social. No lo sabremos nunca, porque la chica contrajo la viruela. Ningún medicamento de los que se le administraban surtía el efecto deseado, José Mauleón no se separó ni un solo instante de ella. La pobre muchacha murió tras unos días de agonía luchando contra la enfermedad. Los Sáenz de Heredia se comportaron con dignidad y cedieron un sitio en su mausoleo familiar para que fuera enterrada y que de esa forma no tuviera que ser arrojada a una fosa común.

Tantas fueron las horas que José Mauleón pasó reconfortando a su amada que se contagió de la misma enfermedad de la muchacha, y sin ganas de vivir tomó la decisión de no aceptar tratamiento médico, su vida no tenía sentido si ella no estaba a su lado. Falleció pasados unos meses, el 11 de enero de 1869, a la edad de 28 años, como se indica en su tumba. Antes de morir, tuvo fuerzas para transmitir a su cuñado una última voluntad. La petición era que lo enterraran frente a la tumba de su amada para poder velarla durante toda la eternidad.

El cuñado se dispuso a cumplir el deseo postrero de José y dándose cuenta de que si lo enterraban su mirada no iría destinada a su amada, sino al cielo, dio la orden de que a toda prisa le construyeran un sepulcro en posición vertical. De esa manera, en ese sepulcro vertical, su cabeza estaría encarada en dirección al mausoleo de los

Sáenz de Heredia, que era el lugar donde, como le he dicho, enterraron a su enamorada.

Durante un rato estuve de pie, como también debía de estar el cadáver dentro de la sepultura. Unos minutos después, con la certeza de que ya nada más podía descubrir allí, opté por alejarme.

Antes de abandonar el cementerio y como última acción quise indagar sobre el panteón que acogía a la criada y descubrí que pertenecía a la familia Primo de Rivera y Sáenz de Heredia, y que dentro de la cripta descansaban también los restos del director de cine José Luis Sáenz de Heredia, de quien recordé que en su filmografía contaba con películas tan dispares como la propagandística *Franco, ese hombre*, o la deliciosa *Historias de la radio*.

El cementerio de Alfaro quedaba a mi espalda cuando subí al coche para de un tirón llegar a Bilbao, e imaginando la mirada fija y eterna de José Mauleón hacia el punto en que se encontraba descansando su gran amor, recordé una frase de Frida Kahlo: «Escoge una persona que te mire como si fueras magia».

13. Cementerio de Arenys de Mar (Barcelona)

El cementerio de Arenys de Mar está considerado uno de los más bellos de Cataluña, opinión a la que no pienso poner ninguna objeción. Sobre ese camposanto, el poeta catalán Salvador Espriu escribió un poemario con el título *Cementerio de Sinera*. Destaco el poema XXVI, que escribió en esa obra a imitación de un epitafio:

> No lucho más. Te dejo
> el sepulcro vastísimo
> que fue tierra de los padres,
> sueño, sentido. Me muero,
> porque no sé cómo vivir.

Construido entre los años 1865 y 1867, sus tumbas, panteones y mausoleos son una muestra del esplendor económico que vivió Arenys de Mar los años anteriores al desastre español en Cuba. Perderse entre el blanco de sus esculturas y tener de telón de fondo el azul del Mediterráneo es entrar en el mundo luminoso tan propio de los pueblos de la Costa Brava. Buena parte de esa grandiosidad que podemos admirar paseando por el cementerio o callejeando por el pueblo se debe a la presencia de los indianos. «Indiano» es la denominación coloquial del emigrante español que iba a hacer las Américas para retornar a la tierra que había abandonado años atrás enriquecido. Si alguna vez no sabe qué hacer en las vacaciones, prepare un itinerario de diferentes cementerios de indianos, no le defraudarán. Los hay repartidos por los más dispares puntos del territorio español, en especial en la cornisa cantábrica, Galicia o en la zona del Mediterráneo

El cementerio de Arenys de Mar lo conocía de haberlo recorrido un par de veces y en mi mente no estaba la idea de acercarme ninguna vez más, pues pensaba que lo había visto todo y que lo recordaba todo. Pero como puede leerse en la Biblia, en el Libro de los Proverbios: «El hombre dispone su camino, pero al Señor corresponde disponer sus pasos».

En mis primeros tiempos de jubilado solía desayunar en la terraza de un bar, donde cada mañana a eso de las diez coincidíamos las mismas personas en mesas separadas. Intercambiábamos la conversación de mesa en mesa como los pajarillos que trinan de árbol en árbol para ignorar su soledad. Una de esas mañanas, un miércoles, la dueña de una farmacia que había en una esquina de la plaza en que nos encontrábamos nos contó que el domingo había ido al cementerio de Arenys de Mar para llevar unas flores a sus padres. No puse demasiada atención y seguí más preocupado con no mancharme con el aceite del bocadillo de atún que en lo que la farmacéutica contaba a una joven que fumaba un cigarrillo tras otro. Nada encontraba relevante hasta ese instante, pero cambió de una forma radical cuando empezó a hablar de la tumba en la que estaba enterrada una chica de la localidad y de su consiguiente historia de amor. Supe que me interesaba lo que relataba cuando el aceite manchó mi camisa, al estar más atento a la conversación que a los goterones que desprendía el bocadillo. Me uní a la conversación, y gracias a ello pude conocer en qué lugar del cementerio se podía ver esa sepultura. A partir de ese instante tuve la necesidad de acercarme por tercera vez a Arenys a visitar su camposanto.

A primera hora del día siguiente ya estaba dentro. Sin demora, enfilé los pasos hacia donde la farmacéutica había indicado y me encontré con una escultura blanca sobre un sepulcro de granito con una cruz del mismo material. El rostro bello y sereno que muestra es el reflejo de una chica de buena familia de la localidad llamada Emilia de Rovira y Presas. Por la farmacéutica ya conocía que Emilia se enamoró de un cubano que estudiaba Medicina en Barcelona, de nombre Rafael Martínez Ortiz.

A Rafael le habían enviado sus padres desde Cuba a Barcelona en 1874 a estudiar la carrera cuando cumplió los 16 años. En sus días libres, el muchacho se acercaba con frecuencia a Arenys de Mar, donde vivía su hermano. En una de esas estancias fue cuando trabó amistad con Emilia.

Los padres de la chica eran una familia pudiente de la localidad y no les dejaron tener relaciones porque consideraban que Rafael era pobre y estudiante. Cuántas veces se repite ese tipo de historias diferenciadas por ligeros matices.

Los dos amantes, sin hacer caso a las prohibiciones, se encontraban clandestinamente hasta que, finalizada la carrera de Medicina, en 1881, Rafael se tuvo que marchar a su Cuba natal acompañado de su hermano. Emilia, en su despedida, como regalo, le entregó una foto de su rostro para que pudiera recordarla hasta el día en que regresara para que se unieran en matrimonio.

Cientos de cartas escritas por Rafael cruzaron el océano en dirección a Arenys, ninguna llegó a manos de Emilia. La familia de la muchacha interceptaba esa correspondencia con la descarada intención de que se rompiera la relación. Los padres no creían hacer nada malo destruyendo esas misivas, pues pensaban que le estaban haciendo un favor al querer que su hija sentara la cabeza casándose con algún buen partido de la zona, ya que en la cercana Mataró los industriales textiles tenían hijos que le vendrían como anillo al dedo.

Rafael, en su casa de Cuba, esperaba ansioso recibir alguna carta remitida por la mujer a la que amaba. Necesitaba saber que ella le estaba esperando, que le demostrara con una sola palabra que le amaba en la misma medida de como él la amaba a ella.

Fueron pasando los años y suponiendo que Emilia le había olvidado tomó la decisión de casarse. A cientos de kilómetros, Emilia tenía la esperanza de que su amado un día volvería a su lado. A todas horas, mañana y tarde, se las pasaba mirando a la lejanía y rezaba para que un atardecer un buque trajera desde la lejana Cuba a Rafael.

Ningún sueño ni ningún rezo se cumplió. Emilia murió con 33 años, soltera. Fue enterrada en la tumba familiar en 1892.

Contemplé de nuevo el busto de Emilia. Mira hacia su izquierda, como si con esa mirada triste esperara que Rafael apareciera.

Sin el conocimiento de la muerte de Emilia, Rafael Martínez Ortiz se convirtió en un importante personaje en Cuba, a raíz de su participación en la guerra de Independencia. Realizó una brillante carrera política y en 1910 llegó a ser, durante unos meses, ministro de Agricultura. El cubano repudiado por los padres de Emilia se había convertido en una personalidad en Cuba. ¡Que buen yerno hubiera sido!

En 1926, Rafael Martínez Ortiz, a la edad de 68 años, fue enviado en misión diplomática a Europa y aprovechó uno de los días de estancia para hacer una escapada y acercarse a Arenys de Mar con el deseo de ver a Emilia, de la que no se había olvidado. Llevaba en la mano la fotografía que le entregó la muchacha antes de que partiera hacia Cuba. Fue un duro golpe cuando uno de los vecinos de Arenys le notificó que Emilia había muerto hacía más de treinta años.

Tras conocer el trágico final, Rafael hizo construir en el cementerio de Arenys de Mar un panteón con la intención de que fueran trasladados los restos mortales de su antiguo amor.

Estaba ante el sepulcro que Rafael encargó a un escultor francés para que esculpiera el busto, basándose en la fotografía que Emilia le regaló. Cuando todo estuvo terminado, mandó que se cincelase en la tumba una dedicatoria que decía: «A su memoria dedica este recuerdo su amigo de la infancia, Dr. Rafael Martínez Ortiz».

El siguiente paso de Rafael fue ofrecérsela a la familia de Emilia que aún vivían en la localidad. Sin argumentar los motivos, se opusieron y se negaron a que se exhumara el cuerpo de la muchacha para trasladarla desde donde estaba enterrada hasta el nuevo emplazamiento. Rafael insistió, pero no hubo forma de hacerles cambiar de parecer. Rafael regresó a Cuba con la tristeza de no haber podido decirle a Emilia lo mucho que la había querido.

La tumba de Emilia de Rovira y Presas estuvo vacía durante casi un siglo. Nadie dio permiso para que se exhumara el cuerpo de la mujer. La situación cambió cuando unas vecinas del pueblo, al menos es lo que había contado la farmacéutica, se dieron cuenta de que el cuerpo de la joven estaba en un columbario después de haber sido exhumada por falta de pago la tumba familiar. Descubrimiento oportuno, porque estaba a punto de ser trasladada definitivamente a la fosa común, pues no había descendientes ni nadie que la reclamara. Esas vecinas de Arenys, con tesón —sigo recurriendo a lo dicho por la farmacéutica—, consiguieron no sin esfuerzo y gestiones que el cuerpo de la bella Emilia descansara en la tumba pagada por el bolsillo de Rafael Martínez Ortiz.

La farmacéutica, el día anterior a mi visita como colofón y poniendo una voz propia para lo que iba a explicar dijo: «Cuando fueron a meter los restos de Emilia al nuevo sepulcro, vieron que dentro había una rosa roja sin marchitar». Un misterio que aún hoy en día está por encontrar respuesta.

Al salir del cementerio noté en mi interior la tristeza que produce una historia de amores rotos. Una historia sin un claro final feliz. Y caminando por las calles de Arenys de Mar, sin rumbo ni prisas, canté entre dientes un par de versos de una bella canción de Joan Manuel Serrat: «No hay nada más bello que lo nunca he tenido, nada más amado que lo que perdí».

El viernes, a la misma hora de todos los días, me encontraba sentado a mi mesa y la farmacéutica a la suya. Como agradecimiento por haberme proporcionado la información de la historia de Emilia y Rafael decidí que lo oportuno era invitarla al descafeinado que se estaba tomando en esos momentos. Mentí al decirle que era el día de mi cumpleaños, ya que preferí ese embuste en lugar de la verdad, que quizá no hubiera entendido y posiblemente me tomaría por un viejo verde, aunque estuve tentado de repetir la frase que Luis de Góngora escribió con motivo del agradecimiento por una caja de jalea que recibió de un fraile: «Gracias os quiero dar sin cumplimiento».

14. Cementerio civil de Bausen (Lérida)

En el camino que conduce a Bausen, la vista se pierde entre hayas, abetos y otros árboles propios de zonas frías donde las nevadas son frecuentes. La carretera que lleva al pueblo es angosta, aunque no por ello peligrosa, si se circula con la necesaria velocidad y precaución que debe llevar sobre todo el que no conoce la comarca y desconoce que de improviso le puede salir de la cuneta un corzo. De cuando en cuando, entre las copas de los árboles, se distinguen casas de techos puntiagudos revestidos por tejas de pizarra que como escamas de un oscuro pez tienen la utilidad de impermeabilizar los hogares de gruesos muros de piedra. Esos techos y esos muros ayudan a aislar las casas de las bajas temperaturas que se llegan a registrar. Por suerte, el día que me acerqué al pueblo de Bausen la temperatura era apacible, circunstancia que hizo la visita agradable.

Bausen es una pequeña localidad de la provincia de Lérida enclavada en el paradisiaco valle de Arán, muy cerca de la linde con Francia. A principios del siglo XX contaba con alrededor de cuatrocientos habitantes, hoy los empadronados rondan los sesenta. La gente del lugar ha emigrado a ciudades donde la temperatura es más cálida, el trabajo no tan duro y solo pisan Bausen durante las vacaciones de verano, o en alguna escapada de fin de semana en que el servicio meteorológico les anuncia que no habrá chubascos.

Por fin, tras un largo viaje, había llegado a Bausen. Aparqué a la puerta de una iglesia. Al bajar del auto e intentar acercarme al portal del templo, me percaté de que a su lado había anexado un cementerio de pequeñas dimensiones. Desde la distancia pude darme cuenta de que estaba bien cuidado. A simple vista, intuí que debía contar entre treinta o cuarenta sepulturas. Pensé que había llegado al lugar que estaba buscando, pero me extrañó que fuera el que deseaba ver al recordar que el cementerio que me interesaba visitar se reducía a un solo enterramiento y, además, no podía estar la persona que pretendía localizar sepultada en un cementerio católico.

Andaba preso de mis pensamientos cuando a mi espalda una voz pausada y con fuerte acento aranés me advertía: «No busque, no está en este cementerio».

Me di la vuelta. El hombre que había pronunciado la frase era mayor, con muchas arrugas que habían curtido los rigores de la zona. Llevaba una zamarra, quizá heredada, y una gorra verde que hacía publicidad a una empresa de venta de cereales —al menos, eso creí adivinar, porque llevaba impresa una espiga de trigo—. Calzaba botas de goma en las que se distinguía barro todavía húmedo pegado a las punteras.

Sin darme opción a que lo saludara pasó a decir: «Siga por el robledal, y a unos diez minutos a paso tranquilo lo encontrará. No tiene pérdida».

No puedo explicarme cómo adivinó lo que buscaba, pero la indicación resultó ser precisa, porque diez minutos después de habérmela proporcionado tenía enfrente un recinto cercado por un muro de no excesiva altura, que me permitía ver el interior sin necesidad de ponerme de puntillas. Era un recinto que a ojo calculé que debía de andar entre diez metros de ancho por, más o menos, otros diez de largo. La única tumba que se encontraba en su interior me corroboró que estaba en el camposanto más pequeño de España.

La puerta estaba entreabierta. Entré evitando una pequeña zona embarrada. En el cementerio solo había una tumba y hacia ella me dirigí con la intención de contemplarla más de cerca.

Dos de los cuatrocientos habitantes que le he dicho que habitaban en Bausen a principios del siglo XX eran Teresa y Francisco. Los dos habían nacido en el pueblo, por lo cual se conocían desde niños. Habían compartido tantas risas, tantos juegos y tantos roces que no tuvo mérito ni exigió esfuerzo que se enamoraran. Esa relación de toda una vida indicaba que nada podría interferir en su felicidad, pero cuando llegó la hora de solicitar permiso al párroco para poderse casar, surgió un detalle que no esperaban que complicara el enlace. Los unía un vínculo familiar: eran primos carnales.

En las zonas aisladas, sobre todo en valles de difícil comunicación, era algo común que personas con parentesco cercano, como era el caso de primos, acabaran emparentándose a causa de no haber buenas condiciones de movilidad, y en esas circunstancias no era frecuente que pasaran forasteros por allí. Para poder contraer matrimonio quienes compartían sangre y no tener que vivir en pecado según remarcaba el párroco tenían que pagar una tasa a la Iglesia. Las dispensas de la parroquia estaban a la orden del día. La denominada «dispensa de consanguinidad» era un dinero que debía ser pagado y servía para saltarse las normas y el pecado, que gracias al bendito parné dejaba de serlo. No está claro si no pudieron o no quisieron pagar dicha dispensa, lo que sí está claro es que no entregaron ninguna peseta al sacerdote para realizar los trámites.

Saltándose lo que estipulaba la Iglesia, Teresa y Francisco se fueron a vivir bajo el mismo techo sin abandonar el pueblo y en un concubinato que ofendía el párroco. Ningún vecino criticaba la decisión tomada, a excepción del sacerdote, que veía intolerable la situación. Tuvieron dos hijos, los cuales —como puede imaginar— no fueron bautizados.

La felicidad que la pareja disfrutaba terminó en el mes de mayo de 1916, en que Teresa fallecía a consecuencia de una neumonía a los 30 años. Francisco solicitó permiso al sacerdote para que le dejara enterrarla en el cementerio de la iglesia de San Pedro ad Vincula, aquella que yo había visto al llegar a la localidad y en cuya puerta había aparcado mi auto. El sacerdote rehusó darle sepultura poniendo como impedimento que él y su mujer habían vivido en pecado y eso impedía que Teresa pudiera ser enterrada en tierra bendita.

Esa actitud molestó a Francisco, a los vecinos de Bausen y al resto de familiares de Teresa. Donde el vicario no hacía más que ver pecado, los habitantes de la localidad veían amor. Es por eso que decidieron construir una tumba donde enterrarla y en una noche realizaron un cementerio donde pudiera descansar Teresa con la dignidad que se merecía. A partir de ese momento, se refirieron a ese terreno como el cementerio de Teresa. La enterraron al día siguiente en ese camposanto al que el párroco daba el calificativo de «pagano». Francisco y sus hijos se acercaban todos los días y le dejaban ramos de flores.

Cuando estalló la Guerra Civil, Francisco y sus hijos tuvieron que huir a Francia para escapar de la contienda y, según consta, fue allí donde murió Francisco sin que nunca sus restos cruzaran los Pirineos de vuelta, impidiéndole acompañar a Teresa en el sueño eterno.

Miraba esa tumba solitaria, ese espontáneo acto de amor, y quise creer en ese momento que, a pesar de que Francisco está enterrado en Francia y Teresa en Bausen, han encontrado la fórmula para estar en algún sitio unidos. Me detengo a leer lo escrito sobre la lápida: «A mi amada Teresa». Y un algo más abajo: «A nuestra querida madre».

No puedo asegurar si fue debido al frescor del atardecer o al recuerdo de esa historia, pero sentí un escalofrío. Me abroché la chaqueta mientras sin dejar de mirar la sepultura repetí en voz alta una frase de Gabriel García Márquez: «En la distancia, nuestros corazones se abrazan con más fuerza, y el amor se convierte en el lazo que nos une».

15. Cementerio de San Isidro (Madrid)

En Madrid tenía un amigo al que solía visitar con bastante asiduidad, sobre todo desde que enviudé. En mi vida sobraban demasiadas horas que no sabía ocupar sin tener a mi esposa al lado y los viajes a la capital me resultaban un ligero bálsamo al separarme por unos días de las vivencias y los recuerdos que las paredes de mi casa me traían. Ese amigo y yo habíamos forjado nuestra amistad en el servicio militar en Sidi Ifni, y desde entonces habíamos mantenido dicha relación con el único inconveniente de la distancia. En una de mis visitas a Madrid, me propuso que nos acercáramos al Museo del Romanticismo, que estaba cerca de su casa, en la calle Fuencarral.

Es el Museo del Romanticismo cómodo, al no tener gigantescas salas que transmitan frialdad donde corresponde calidez. Moverse en su interior es dar un salto al pasado, como si hubiéramos sido invitados a un palacete privado y, de ese modo, poder vivir en primera persona la vida cotidiana y las costumbres de la burguesía que florecía en el Madrid del segundo tercio del siglo XIX. Ese museo es el reflejo de una España en la que tras ser enterrado Fernando VII emergió con fuerza un Romanticismo ligeramente trasnochado.

Paseando por sus salas, mi amigo me dio una rápida e incompleta lección sobre lo que me rodeaba. Me contó que el Romanticismo fue un movimiento cultural, artístico y literario que tuvo lugar en Europa durante el paso del siglo XVIII al XIX. Surgió inicialmente en los países más industriales, como eran Gran Bretaña, Francia y en especial Alemania, con intelectuales de la talla de Goethe. El Romanticismo nació como una reacción contra el espíritu racional y crítico de la Ilustración y el clasicismo, combatiendo la universalidad de la razón con valores individuales como la fantasía y el sentimiento. Su llegada a España se produce cuando el movimiento languidecía en el resto de Europa. Su tardía aparición fue por culpa de dos factores: la Inquisición y Fernando VII.

Terminada la visita y conociendo mi amigo la fascinación que siento por los cementerios, propuso que nos acercáramos al cementerio sacramental de San Justo para continuar su didáctico paseo por la historia del Romanticismo.

El cementerio de San Justo no es excesivamente grande, pero tiene a su favor que está lleno de grandes personalidades del arte y de la cultura, lo que me hizo pasar sin prestar excesiva atención, dándome la sensación de que su intención era la de llevarme a algún punto en particular sin dar importancia a lo que íbamos dejando a los lados. Me di cuenta de que no estaba equivocado al llegar a un lugar en que se encontraban una serie de tumbas, quizá una decena, dispuestas en arco alrededor de una lápida rematada por una cruz en la que se lee: *Beatus homo qui invenit sapientiam*, que traducido con lo que aún puedo recordar de latín de mi Bachillerato viene a decir: «Bienaventurado el hombre que encuentra la sabiduría».

A ese lugar se lo denomina el Panteón de los Hombres Ilustres, y en él reposan, una tumba al lado de la otra, dos de los máximos exponentes del Romanticismo de nuestro país, José de Espronceda y Mariano José de Larra, *Fígaro*. Ambos murieron jóvenes, el uno a los 34 años a causa de la difteria, unos días antes de su boda, y el otro con 27, descerrajándose un tiro en la sien un lunes de Carnaval.

Por curiosidad, detuve mis ojos en la losa que cierra el sepulcro de Larra y vi que compartía espacio con Ramón Gómez de la Serna, quien se declaró admirador incondicional de Mariano José de Larra.

Después de la corta estancia en el cementerio sacramental de San Justo, que solo era una continuidad natural al museo que esa misma mañana habíamos visitado, me propuso que nos acercáramos al camposanto contiguo del que solo le separa una tapia; se trata del cementerio, también sacramental, de San Isidro. Dentro del nuevo camposanto me sugirió que nos dirigiéramos al panteón familiar de los Pérez de Soto, puesto que me prometió que allí se encontraba una historia que quizá no conocía y que él consideraba interesante.

A principios del siglo XX se casaron Josefa Pérez de Soto Vallejo y Víctor Peñasco Castellana. Ambos pertenecían a la alta sociedad madrileña. Víctor Peñasco era nieto del presidente del Consejo de Ministros, José Canalejas. Cuando se celebró la boda, el marido tenía 24 años, y la recién desposada un par menos. Nada más contraer matrimonio, María José y Víctor partieron para una larga luna de miel.

En su estancia en París sintieron la necesidad de hacer una locura típica de unos recién casados de posibles y de esa forma romper la rigidez del viaje. Sin pensarlo dos veces, decidieron comprar unos pasajes en el trasatlántico más grande y veloz jamás construido, que se disponía a realizar su primera travesía entre Inglaterra y Estados Unidos. Querían ser pasajeros en ese viaje inaugural para, llegado el día, poder contárselo a sus nietos.

El trasatlántico partió del puerto de Southampton según lo anunciado el 10 de abril de 1912. Subieron al barco en la escala que el buque hacía en Francia, en concreto en la ciudad de Cherburgo. Al ver el buque quedaron impresionados por su forma estilizada y las cuatro chimeneas blancas rematadas de negro en su parte superior. Ese buque, como no le habrá resultado difícil adivinar, era el Titanic.

La madre de Víctor Peñasco, doña Purificación Castellana, les había advertido antes de salir de Madrid que en su viaje de luna miel no se subieran a ningún barco porque había tenido un sueño en el que había visto un naufragio con cientos de muertos. La pareja desestimó esa premonición, pero para no disgustar innecesariamente a su madre decidieron crear un engaño, una pequeña mentira que consideraban sin importancia. El matrimonio entregó a su mayordomo, en París, antes de partir, varias postales ya escritas y firmadas con sus nombres desde lugares diferentes por los que fingían estar pasando. Le ordenaron que las enviara periódicamente mientras ellos realizaban el trayecto en el Titanic hacia Nueva York. En el viaje los acompañaría la dama de compañía de Josefa, Fermina Oliva, que también colaboró en esa mentira.

El Titanic partió de Cherburgo según lo previsto, sin retraso. En el discurrir del viaje se celebraron a bordo fiestas de postín. Bailes de gala. Cenas con el capitán, en las que una orquesta tocaba desde música clásica hasta música popular. Los recién casados disfrutaron de las comodidades del buque. Todo era diversión para los pasajeros de primera clase. El matrimonio Peñasco estaba pasando los días más felices de sus vidas.

La noche del 14 al 15 de abril de 1912 ocurrió la tragedia. El Titanic colisionó con un iceberg en las heladas aguas del Atlántico Norte. El hundimiento es lo suficientemente conocido para que evite contárselo porque existe la posibilidad de que si lo hiciera, cometería más errores que aciertos. Lo que sí es sustancial es que el barco no contaba con suficientes botes salvavidas para todos los pasajeros. El capitán ordenó que las mujeres y los niños fueran puestos a salvo. María Josefa y Fermina pudieron subir apresuradamente a uno de los botes, el que llevaba escrito el número ocho.

Víctor permaneció en la cubierta, igual que los maridos de las mujeres que subieron en los botes salvavidas. Tenía su mirada clavada en la barca en que se alejaba su querida esposa, a la que estaba seguro que nunca más volvería a ver. Desde la cubierta gritó su última despedida: «Pepita, que seas muy feliz».

En una entrevista al *New York Herald* que concedió Noël Leslie, condesa de Rothes, quien había compartido bote con María Josefa en esa dramática noche de abril, relató días después el episodio de la siguiente manera: «La señora Peñasco empezó a gritar el nombre de su marido. Fue terrible. Le pasé el timón a mi prima y me puse acurrucada junto a ella, tratando en lo posible de consolarla. Pobre mujer». Más adelante siguió contando: «Cuando el terrible final llegó, utilicé lo mejor de mí misma para intentar distraer a la señora española y que no oyese los agonizantes sonidos de los que se ahogaban en el mar».

Cuando le llegó la información del hundimiento del Titanic, la madre de Víctor no prestó demasiada atención, pues desconocía que uno de los fallecidos era su hijo. La horrible noticia de su muerte se la proporcionaron días después, cuando Josefa y Fermina ya se encontraban en Madrid.

La desaparición en el océano y el no haber sido hallado el cadáver de Víctor planteaba un serio problema a María Josefa, ya que sin el cuerpo de su esposo ni el certificado de defunción no podría rehacer su vida hasta pasado un mínimo de veinte años según dictaba la ley. Por eso, Purificación, la madre de Víctor, planteó a su nuera la posibilidad de ir a comprar el cadáver de algún muerto víctima del siniestro que se hallaban amontonados en Halifax y de esa forma obtener un certificado de defunción a nombre de Víctor. Mandaron a Canadá a una persona de su confianza a comprar un muerto entre los cadáveres sin identidad que se hacinaban en Halifax. Un ahogado de nombre y nacionalidad desconocida pasó a ser oficialmente Víctor Peñasco, y de esa forma María Josefa se convirtió en viuda legalmente.

María Josefa Pérez de Soto Vallejo murió en 1972, seis décadas después del hundimiento del Titanic, y está enterrada en el panteón familiar que se halla en el cementerio de San Isidro que me mostraba mi amigo. El cadáver de Víctor Peñasco Castellano tiene por sepultura las procelosas aguas del Atlántico Norte.

En ese instante supe que había terminado mi itinerario romántico por Madrid, después de haber visitado el Museo Romántico y los cementerios de San Justo y de San Isidro, y sin saber la razón, me llegó tibiamente una frase escrita por Joseph Conrad: «El mar nunca ha sido amigable para el hombre. Siempre ha sido cómplice de la inquietud humana».

Sugerencias

Película: es usted joven y desconocerá el filme que le voy a recomendar. Se trata de una película sobre el *Titanic*. ¡No me refiero a la estadounidense que en 1997 dirigió James Cameron, que apuesto a que esa sí la ha visto! Mi recomendación es otra con el mismo tema central que se llama *A Night to Remember*, dirigida con acierto por Roy Ward Baker en el año 1958. Posiblemente, esa película sea la recreación más fidedigna a lo que en realidad ocurrió esa dramática noche de abril de 1912.

Pintura: busque y contemple, de nuevo como en el apartado anterior, no una, sino las dos obras que componen el conjunto *Sátiras del suicidio romántico* de Leonardo Alenza. Sin duda, estos son los cuadros, para mí al menos, que mejor nos aproximan a la tragedia, el drama y la parte más terrible del Romanticismo mal entendido. Debemos interpretar estas obras como una especie de burla o crítica a la muerte por amor. Esos suicidios que con tanta frecuencia acompañaron al movimiento romántico.

Libro: en literatura, nunca es baladí aproximarse a las *Rimas y leyendas* del gran poeta posromántico Gustavo Adolfo Bécquer. Aunque soy más de las leyendas que de las rimas, no puedo evitar disfrutar con poemas en que entre medidas palabras nos hablan del amor y de la muerte: «Solitario, triste y mudo / hállase aquel cementerio; / sus habitantes no lloran... / ¡Qué felices son los muertos!».

Canción: hoy me tomo la libertad de pedirle que escuche dos canciones. Tanto la una como la otra llevan curiosamente el mismo título: «Espérame en el cielo». La primera es interpretada por Antonio Machín y de ella no evito resaltar: «Si no fuese pecado, segaría mi vida, y así estar a tu lado, junto a tu corazón». La otra es la cantada por el trío Los Panchos, y de ella entresaco el siguiente fragmento: «Espérame en el cielo, corazón, si es que te vas primero. Espérame en el cielo, corazón, para empezar de nuevo».

Arte funerario: tras el fallecimiento del gran tenor Julián Gayarre, la familia encargó al prestigioso artista valenciano Mariano Benlliure la ejecución del mausoleo en que debía reposar. El grupo escultórico se colocó en el camposanto de la villa pirenaica del Roncal en el año 1901, once años después de la muerte del tenor. Está realizado en mármol blanco y bronce, se levanta sobre cuatro gradas y consta de un sarcófago de mármol decorado en sus frentes por niños que cantan libretos de las óperas más célebres interpretadas por Gayarre. En un lateral del sepulcro, se recuesta en posición doliente una figura femenina de bronce con laúd, en clara alegoría de la música; también hacen acto de presencia dos figuras de bronce: la armonía y la melodía. Sobre la tumba resalta la representación de la fama, inclinada en un intento desesperado de querer escuchar la enmudecida voz del tenor.

Este grupo escultórico, junto al del torero Joselito en el cementerio de San Fernando de Sevilla del que le hablé años atrás, son en mi humilde opinión las más altas cotas dentro del arte funerario de Mariano Benlliure.

5

NUESTRO VECINO

(Portugal)

Portugal lo tenemos al lado y, a pesar de esa proximidad, todavía no entiendo el porqué es un país tan desconocido para nosotros. No sé dónde leí una frase que juraría que pronunció el premio nobel portugués José Saramago y venía a decir que España y Portugal nacieron como hermanas siamesas, pero pegadas por la espalda.

En Portugal nunca me he sentido extraño. Entiendo sin excesiva dificultad su lengua y la hablo con moderada corrección, evitando tener que recurrir demasiado a emplear el *portuñol* para hacerme comprender. En lo físico, poca diferencia se puede advertir a simple vista entre los habitantes de los dos países. Existiendo como existen tantos motivos que deberían unirnos, no entiendo ese enfebrecido y enfermizo empecinamiento en buscar aquellos detalles que por desgracia nos distancian. Queriendo remediar ese distanciamiento, quiero contarle mi peregrinar por tierras portuguesas rebuscando el amor entre la muerte.

16. Cementerio de Ramalde (Oporto)

Uno de mis pasatiempos favoritos, que satisfago durante mis estancias en Portugal, es comprar el *Diário de Notícias* y leerlo cómodamente sentado en la más acogedora cafetería que en ese momento me pille a mano. Cuando por algún motivo he tenido la suerte de recalar en Oporto, uno de mis locales favoritos es A Brasileira, situado en la céntrica Rua Sá da Bandeira. Dentro del local es como si el tiempo se hubiera detenido y estuviera viviendo en el Portugal del siglo XIX. En ese estado de felicidad y con una ligera melancolía me gusta abrir el diario por la primera página, escuchar el sonido de las hojas al desplegarlo, notar el olor de la tinta todavía fresca y, sin prisas, leer las noticias mientras me acompaña como música de fondo el tintineo de las cucharillas en las tazas de café.

Cada vez que realizo ese ritual, bebo a pequeños sorbos el exquisito café que sirven y que les llega desde Brasil. Con el *Diário de Notícias* en la mano, siempre acaba viniéndome a la mente Maria Adelaide Coelho da Cunha, que en su día heredó ese periódico. Una de esas veces, estando como estaba en Oporto, tomé la decisión de acércame al cementerio en que había oído que es donde se halla sepultada. Ni corto ni perezoso, encaminé los pasos a la Freguesía de Ramalde. Los sinsabores que había llevado en vida Maria Adelaide merecían que realizara ese camino.

El cementerio de Ramalde es de reducidas dimensiones, pero no tiene nada que envidiar a ningún otro de la ciudad. Las calles son espaciosas y la poca afluencia de visitantes lo convierten en un sitio cómodo para pasear cuando no se sabe adónde ir. Cada cementerio es único, como únicas son las personas que están enterradas y las historias que se llevaron consigo.

La distribución del cementerio es bastante sencilla. Está dividido en dos zonas de simple denominación, la vieja y la nueva. Una división más elemental resulta imposible.

Mientras transitaba entre las tumbas, intuí que Maria Adelaide debía encontrarse en la zona vieja, al conocer que la nueva no empezó a funcionar hasta 1989, y tenía noticias de que la mujer había fallecido treinta y cinco años antes de esa fecha.

En el paseo entre los cipreses, los ojos se sorprenden por la belleza de algunas de las tumbas y no pude dejar de admirar bastantes de sus panteones. Me paré a leer los nombres en algunas lápidas y no reconocí a ninguno de los enterrados.

Como le he adelantado, Maria Adelaide Coelho da Cunha fue la heredera del cofundador del *Diário de Notícias* Eduardo Coelho. Corría el año 1890 y Adelaide, con 21 años, se casó con Alfredo da Cunha, un abogado que a su vez ejercía de administrador del diario. En Lisboa vivían en el lujoso palacio de São Vicente donde Maria Adelaide, para no aburrirse, ya que no contaba con obligaciones en la redacción del periódico de la familia, organizaba fiestas en sus salones a las que asistía lo más escogido de la capital. Una vida despreocupada en que la diversión era la única labor que reclamaba sus esfuerzos. Qué sencillo resulta ser feliz cuando se posee lo necesario para serlo. Toda moneda tiene dos caras y la situación cambió en noviembre de 1918 en que estalló un escándalo que revolucionó a la alta sociedad lisboeta.

Maria Adelaide por entonces debía de tener 48 años. Sin previo aviso abandonó el hogar marital sin dar señales de su paradero. La causa de la fuga era que se había enamorado del chófer de la familia, Manuel Cardoso, y los dos se habían fugado a un escondite en la localidad de Santa Comba Dão, la ciudad natal de Manuel. El escándalo se multiplicó al descubrirse que el joven conductor tenía 22 años menos que ella.

En la búsqueda de Maria Adelaide se movilizaron cientos de personas con la preocupación de que le hubiera ocurrido una desgracia. A su marido y a su hijo, que iban dirigiendo las operaciones, les acompañaban varios médicos y un buen número de efectivos de la policía, por si se trataba de un secuestro y era necesaria su intervención.

Once días tardaron en dar con el paradero de la pareja de fugitivos. Fue entonces cuando Maria Adelaide reveló su intención de iniciar los trámites de divorcio. Su marido, ofendido por esa petición, se negó a aceptarla, y eso ocasionó que el esposo se esforzara para que fuera internada en el hospital Conde de Ferreira por enajenación mental. En el hospital fue puesta en observación para, a continuación, ser ingresada en el pabellón de criminales. La primera semana la pasó aislada, sin poder leer periódicos ni escuchar noticias del exterior, y continuamente vigilada por una criada que hacía funciones de celadora. Del hospital Conde de Ferreira fue conducida a un hospital psiquiátrico por las indicaciones de su marido a los doctores que la trataban.

Recorrí el cementerio de Ramalde una vez más. Ya era la segunda vez que pasaba por las mismas tumbas y releído los mismos nombres, que ya empezaban a resultarme familiares. Buscaba desesperado la sepultura de Maria Adelaide. Fracasé una y otra vez, ahora me avergüenzo, pero maldecí en portugués y en español. Me sentía enrabietado como un niño al que le han escondido su juguete favorito y le han entrado unas enormes ganas de jugar con él.

El amor de Maria Adelaide por Manuel no decrecía en la soledad de su reclusión en el sanatorio mental. En secreto enviaba cartas a Manuel. En esas fechas empezó a escribir un diario donde anotaba más preguntas que respuestas. A los dos meses se escapó del psiquiátrico, ayudada por Manuel, que organizó su fuga. No tardaron en descubrir que se habían escondido a un centenar de kilómetros de Oporto, en Serra da Gralheira.

Manuel Cardoso y su primo, que había dado refugio a los enamorados, fueron detenidos y conducidos a Oporto. A Manuel lo mantuvieron preso durante cuatro años. Los delitos por los que fue acusado fueron los de secuestro y violación. Paradojas de la vida, en esa huida no había existido ni secuestro ni violación. Maria Adelaide volvió a ser recluida en el sanatorio mental.

Mientras duró la hospitalización, Maria Adelaide no recibió ningún medicamento ni siguió ninguna terapia. Su marido hizo lo oportuno para incapacitarla y hacerse con el control de sus bienes.

Cuando obtuvo la libertad, vivió de incógnito en Oporto, apoyada por amistades que le daban trabajo, e iba a visitar a Manuel a la cárcel disfrazada de lavandera para no ser reconocida.

Maria Adelaide, siguiendo la recomendación de su abogado, comenzó a enviar cartas a algunos diarios. A Capital las publicaba en su primera página a modo de crónicas firmadas por Maria, bajo el título «El martirio de una mujer». En todas esas misivas describía con minuciosidad los detalles del horrible episodio que había vivido. También se puso en contacto con el periódico de Oporto A Tribuna y escribió otras tantas cartas bajo el título «Lágrimas de madre». Maria Adelaide conocía los medios de comunicación desde niña y sabía la forma de emplearlos eficazmente. Nadie podía enseñarle nada de periodismo, lo había mamado desde la infancia.

Me desesperaba no hallar el sepulcro. Daba vueltas como una paloma mensajera en busca del palomar que ha abandonado. No veía a nadie al que preguntar si conocía la ubicación de la tumba que me empeñaba en encontrar.

Los artículos que escribió y fueron publicados en el diario *A Tribuna* dieron como resultado que el hospital psiquiátrico en el que había estado ingresada se convirtiera en blanco de una feroz investigación periodística, y acabara descubriéndose que más mujeres habían sido internadas como una forma de castigarlas por parte de sus familias o para apartarlas del cobro de herencias que por ley les correspondía. Se demostró que los dictámenes de locura dados por médicos a cambio de dinero las incapacitaba para gestionar las herencias que por ley les correspondían. El escándalo resultó de tal magnitud que acabó llegando al Parlamento y originó que se elaborara un proyecto de ley que establecía disposiciones sobre el internamiento en hospitales psiquiátricos. Además, ese escándalo hizo que en 1919 Alfredo da Cunha, el marido de Maria Adelaide, se viera obligado a renunciar a la dirección del *Diário de Notícias*, del que ya era el principal propietario y socio mayoritario, y tuviera que vender las acciones de la empresa.

Y de esa manera llegamos a la parte en que la felicidad quiere hacer acto de presencia en la narración después de los muchos padecimientos sufridos por la pareja. En 1922, Manuel fue liberado de la prisión habiendo cumplido su condena. Los dos se quedaron a vivir en Oporto. Para ganarse la vida, ella se dedicó a trabajos de costura y él desempeñó el oficio de taxista. Maria Adelaide nunca consiguió la separación del marido que la había llevado al manicomio hasta que no quedó viuda cumplidos los 73 años. Manuel y ella nunca se casaron, pero vivieron juntos doce años, hasta la muerte de la mujer en la parroquia de Ramalde, en Oporto.

La historia para mí no tuvo final feliz, pues después de dar cientos de vueltas leyendo nombres en las lápidas no supe dar con el paradero de la tumba que andaba buscando, donde descansaban Maria Adelaide y Manuel. Me fui del cementerio de Ramalde con un ligero mal sabor de boca. Tuvo que venir Charles Dickens a consolarme con una de sus habituales frases, mitad sarcásticas y mitad filosóficas: «Cada fracaso le enseña al hombre algo que necesitaba aprender».

17. Cementerio de Lapa (Oporto)

Tomando un desayuno continental en el comedor de un hotel, a escasos pasos de la plaza Mouzinho de Albuquerque, no podía quitarme de la cabeza la frustración sufrida al no haber podido dar con el paradero de la tumba de Maria Adelaide Coelho da Cunha. Entre mordisco al crujiente hojaldre de un sabroso pastel de Belém y un sorbo a una taza de café fuerte que en esos pagos suelen llamar *bica*, surgió el temor a sufrir un nuevo revés en la visita al siguiente cementerio, porque, a veces, soy de los que viven en la eterna inquietud de que cuando algo sale mal, lo siguiente pueda llevar la misma suerte y en consecuencia el mismo final. Intenté sobreponerme apelando a Miguel de Unamuno: «Procuremos más ser padres de nuestro porvenir que hijos de nuestro pasado».

Con ese pensamiento con claros visos esperanzadores terminé mi pastel, apuré los últimos restos del reconfortante café y me dirigí sin demora al cementerio de Lapa. En treinta minutos sin apresurar el paso accedí al cementerio con la intención de visitar el lugar en que permanecía enterrado Camilo Castelo Branco.

Castelo Branco es uno de los autores más importantes de la literatura portuguesa. Su vida superó con creces a la de los personajes que creó. Se casó a los 16 años, pero no tardó en perder a su mujer, de la que ya se había separado, y a la hija que ambos tuvieron. Ese drama no era lo que yo andaba buscando en el cementerio, pero mi propósito sí que tenía que ver con el escritor.

Entre otras situaciones que vivió Castelo Branco, es de resaltar que cursando estudios de Medicina llegó a desenterrar el esqueleto de una antigua amante, con objeto de realizar investigaciones médicas en su difunto cuerpo. Otra vez, cumplió una condena por raptar a una muchacha de Vila Real a la que dejó embarazada y con la que tuvo descendencia. Todas esas circunstancias las vivió antes de llegar a cumplir los 23 años.

Paseé entre medio de las tumbas con la seguridad de conocer con bastante precisión el punto donde se encontraba lo que andaba persiguiendo, que no era otra cosa que la sepultura en la que descansaba el cuerpo del escritor. El miedo al error que viví en el anterior cementerio consiguió que me informara, quizá con excesiva minuciosidad, de su ubicación.

Miré los enterramientos que acotaban mi camino y para hacer más llevadera mi peregrinación jugué a inventarme historias de lo que pudieron ser las vidas de quienes veía sus postreras moradas. Al que tenía en el cabezal del sepulcro una escultura de un ángel de mármol blanco, lo convertí en un doctor que murió defraudado después de salvar cientos de vidas y no haber encontrado la fórmula para salvar la suya. La tumba cubierta de flores frescas que veía a mi izquierda me hizo suponer que aún había una familia que lloraba su ausencia, todavía con los recuerdos calientes. Frente a las magníficas capillas funerarias pensé en burgueses que no se habían podido llevar sus fortunas a la otra vida. Todo en mi recorrido resultaron ser vidas que habían sido y que ya no eran.

Camilo Castelo Branco fue bohemio en el Oporto cultural de mitad del siglo XIX. Ejerció la mayoría de los oficios relacionados con su cualidad de escritor: periodista, dramaturgo, poeta... En sus ratos ociosos participó en algún duelo por amor de una noche o por cuestiones de menor importancia en las que es innecesario gastar palabras en reseñarlas. Era explorador de amores en ocasiones y enamoradizo a jornada completa. Entre la relación de sus amantes se puede encontrar una costurera, y en un intento de emular a don Juan Tenorio cortejó una temporada a una monja. Esa era la vida disipada que llevaba en ese Oporto vibrante. Una vida de crápula que acabó en el momento en que conoció a la que se convirtió en su gran pasión, Ana Plácido.

Fue de tanta intensidad el enamoramiento hacia esa mujer casada con un hacendado brasileño, que para evitar la tentación decidió recluirse en un seminario para de forma radical combatir los imparables deseos de la carne que lo mortificaban. Las horas en el seminario le resultaban largas y la saudade que Ana Plácido le producía era demasiado intensa. Con la reclusión, persigue el recogimiento

111

como salvación, pero no se puede olvidar de esa mujer casada por la que incumple hasta el primer mandamiento de la ley de Dios.

Cuando Ana Plácido decidió separarse de su marido, Castelo Branco abandonó la vida religiosa y se fue a vivir con ella. Esa relación acabó convertida en un gran escándalo, siendo criticados por la sociedad puritana de Oporto. Ello supuso que los amantes tuvieran que pasar una temporada en prisión. El adulterio era un delito tanto por parte del adúltero como del adulterador. Finalmente absueltos, y con la posterior muerte del marido, la pareja vivirá hasta el final en la casa que había sido propiedad del esposo de Ana. Por fin da la sensación de que puede llegar la felicidad. Se equivoca, a los 40 años comenzó a sufrir graves problemas que le provocan una ceguera, progresiva y creciente, lo que le producía dificultad para leer y trabajar. Al cumplir los 60 es nombrado vizconde de Correia Botelho, en reconocimiento a sus contribuciones a la literatura. Tres años después, en 1888, Camilo, tras veintiséis años de relación, se casa con Ana, con la que pasará los últimos años de su vida, pero sin encontrar la estabilidad emocional que deseaba. Tiene dificultades financieras, y el Parlamento, en un acto de buena voluntad, le otorgó una pensión vitalicia que no le proporciona sosiego ni estabilidad. La paga del Estado que recibe se le hace corta, y más cuando en su casa viven dos hijos a los que describe, sin privarse de adjetivos denigratorios, a uno con evidentes signos de locura y al otro incapaz de hacer nada.

En 1890, desesperado por la confirmación de un oftalmólogo de que su progresiva ceguera no tiene cura, toma una decisión que no tiene vuelta atrás. El 1 de junio de 1890 decide poner fin a su vida de un tiro.

Seguí la ruta por el bello camposanto, que está considerado el más antiguo cementerio romántico de Portugal, y por fin me detuve ante el espacio donde estaba enterrado el escritor. Era un panteón sin nada que lo diferencie de los que lo rodean. Vi su nombre escrito en una losa blanca que cerraba un nicho situado en un tercer piso. Advertí que solo indicaba su nombre, ningún detalle más lo identificaba, ni una fecha de nacimiento ni tan siquiera la fecha de su muerte. Las losas de los nichos irremediablemente me recuerdan tarjetas de visita. En la que estaba mirando, se podía ver una rama de laurel cincelada en la piedra, y bajo una corona de vizconde se puede leer en letras negras: «Camillo Castelo Branco». ¡Sí, Camillo y no Camilo!

Miré los nichos que conformaban el panteón. En la mayoría puede leerse un mismo apellido: Freitas. La razón es que está enterrado en el panteón de la familia de un amigo suyo, João António de Freitas Fortuna, de ahí que a su alrededor casi todos lleven grabado el apellido Freitas. Del porqué le pidió que lo enterraran allí desconozco la causa.

No me preocupé en buscar la tumba donde reposa Ana Plácido porque sabía que no está en ese cementerio, sino en la parroquia de São Miguel de Seide, localidad en la que residía cuando se produjo su muerte. Sobrevivió a su marido cinco años y nadie se preocupó en juntarlos. Ahora que me paro a pensar más detenidamente la afirmación que acabo de darle, llego a la conclusión de que no es cierta. Hay una estatua que no se encuentra en el cementerio, sino a escasos metros de la famosa Torre dos Clérigos, en el Campo dos Mártires da Pátria, en pleno corazón de Oporto. La estatua lleva en ese lugar desde diciembre de 2012 con motivo de los ciento cincuenta años de la publicación de la novela *Amor de perdición*. En ella se ve a Camilo Castelo Branco, ataviado con traje y capa, abrazando a una mujer desnuda que intuyo que se trata de Ana Plácido. Una de sus manos toca una de las nalgas de la mujer y, con la otra, su espalda. Una estatua con cierto aire provocador, pero no más de lo que fue Camilo Castelo Branco en sus años de vida.

Me retiré del cementerio recordando la estatua en la que el escritor abraza a la mujer desnuda y me vino a la memoria una frase de Yves Saint-Laurent: «Nada es más bello que un cuerpo desnudo. Las ropas más bellas que pueda vestir una mujer son los brazos del hombre que ama. Pero para las que no han tenido la suerte de encontrar esa felicidad, aquí estoy yo».

18. Monasterio de Alcobaza (Oeste y Valle del Tajo)

Alcobaza es una pequeña ciudad que dista de Lisboa más o menos unos ciento veinte kilómetros. No es complicado ni pesado llegar desde la capital, ya sea en tren o en autobús, al existir combinación a diversas horas a lo largo del día. Una vez que se está en Alcobaza, merece la pena realizar una visita al monasterio de la localidad, que es famoso por albergar en su interior algunos cuerpos de quienes han sido reyes de Portugal.

Después de llegar y antes de acercarme a visitar el monasterio, quise pararme en un establecimiento en que anunciaban que servían *caldeirada de peixe*, un delicioso plato típico de la zona al que encuentro bastante parecido con la bullabesa y con el *suquet* de pescado. Mereció la pena la parada y con el estómago feliz me encaminé, sin excesivas prisas, al monasterio a encontrarme con Pedro e Inés.

El monasterio data de mediados del siglo XIII y por lo que pude enterarme tiene el honor de ser considerado como la primera obra completamente gótica de Portugal. Solo la fachada de la iglesia tiene una configuración posterior, al haber sido reformada en el primer cuarto del siglo XVIII, incluyéndose en esa reforma una hermosa escalera y algunos elementos de estilo barroco. Esos datos me llegaron a los oídos porque se los estaba proporcionando mecánicamente un guía a un grupo de jubilados que, si le soy sincero, no le prestaban excesiva atención. Las informaciones que les daba no me depararon mayor interés, al ser mi intención otra muy distinta. Mi presencia en Alcobaza, y en particular en su monasterio, la justificaba el motivo de que en su interior reposan los restos de una de las más famosas historias de amor que recogen los libros de Portugal, la protagonizada por «el Pedro y la Inés».

Hay que retroceder al siglo XIV para situarnos en su contexto histórico. El príncipe Pedro, más tarde rey Pedro I de Portugal, se enamoró de Inés de Castro, quien era dama de compañía de su esposa Constanza. Era Inés una noble gallega de la casa de Castro que estaba fuertemente emparentada con los primeros reyes de Castilla. Fue educada por los mismos preceptores que Constanza, de la cual era prima en bastardía y a quien acompañó como parte del séquito, desempeñando el puesto de doncella y dama de compañía de la casadera Constanza en su viaje a Portugal.

Dentro del monasterio paseé parándome a contemplar las maravillas que mostraba el crucero de la iglesia. Mi deambular no podía ser más cómodo. Sabía lo que quería encontrar y el lugar en que se encontraba. Desde el amargo traspié sufrido en el cementerio de Ramalde había decidido ser más preciso en mis indagaciones para no tener ningún revés. No tardé en darme de bruces con los dos grandes sepulcros de mármol, bellamente decorados. Había llegado a mi destino, el monumental mausoleo que guarda los cuerpos de Pedro I de Portugal y de Inés de Castro.

El rey portugués Alfonso IV, padre de Pedro, no aprobaba el amor que a vista de toda la corte profesaba su hijo por Inés, y más cuando la pareja tuvo una hija bastarda —ya anteriormente se les había muerto un niño al nacer—. En esa situación decidió tomar la medida de exiliar a la muchacha. Inés, pues, con el dolor consiguiente que produjo en el príncipe Pedro, fue enviada a la localidad pacense de Alburquerque.

En el parto del tercer hijo de Pedro y Constanza ocurrió la muerte de la reina consorte. Ese luctuoso acontecimiento sirvió para que Inés regresara a Portugal para reencontrarse con su amado y vivir a su lado.

Los nobles portugueses estaban escandalizados por la relación que mantenían Pedro e Inés, a la que se sumaba que habían tenido cuatro hijos, de los cuales habían sobrevivido tres, y eso significaba un riesgo político demasiado grande para la línea sucesoria portuguesa a la corona. A esa circunstancia se unía lo que rumoreaban las malas lenguas de que la familia Castro planeaba desheredar al hijo que Pedro había tenido en su matrimonio con Constanza en beneficio de los de Inés.

Durante un año, el rey Alfonso estuvo oyendo estas historias en boca de nobles que lo increpaban para que tomara cartas en el asunto. En 1355 encontró la solución al problema generado por el sentimiento amoroso de su hijo y sin pestañear, al considerarlo un motivo de Estado, ordenó la muerte de Inés. Para esa misión se recurrió a tres asesinos cuyos nombre no olvida la historia: Pêro Coelho, Álvaro Gonçalves y Diogo Lopes Pacheco.

Aprovechando una jornada de caza a la que asistió el príncipe Pedro, dejando sola a Inés, los tres homicidas apuñalaron a Inés hasta verla morir. Después la decapitaron, escena que fue vista por uno de sus hijos. Inés de Castro tenía 29 años.

Fue enterrada en Coimbra. Ante el cuerpo amortajado, el príncipe Pedro juró vengarse de quienes la habían matado y prometió que algún día, incluso muerta, la coronaría reina de Portugal.

Pedro se levantó en armas contra su padre contando con la familia Castro como aliada. Rodeó la ciudad de Oporto durante dos semanas y devastó el país entre los ríos Duero y Miño. La reconciliación entre padre e hijo llegó a principios de 1357, cuando el enfermo Alfonso IV delegó gran parte de su poder en el príncipe heredero.

Tras la muerte de su padre en 1357, Pedro ascendió al trono. En ese instante reveló un casamiento encubierto con Inés en 1354, y manifestó su intención de que fuera proclamada reina de Portugal en una ceremonia oficial. Después se dedicó a localizar a los tres asesinos de su amada. Cuando consiguió detenerlos, a Coelho, que había sido su tutor, le arrancó el corazón del pecho, y a Gonçalves por la espalda. El único que logró escapar para no ser castigado, exiliándose en el Reino de Castilla, fue Diogo Lopes y pasó al servicio de Enrique II de Castilla, lo que le sirvió para salvar la vida.

Del interés que despertó la historia de Inés de Castro nos da muestra el padre de las letras portuguesas Luís de Camões, en la magistral *Os Lusíadas*, en que habla de ella en su canto tercero. En España, Luis Vélez de Guevara escribe sobre el suceso en *Reinar después de morir*.

En 1360, cinco años después del asesinato de su amada, Pedro desenterró el cuerpo en descomposición de Inés y lo llevó en procesión desde Coimbra hasta Alcobaza. En el monasterio se celebró su entierro de forma regia, y ordenó que cuando a él le llegara la hora de su muerte, lo dejaran descansar al lado de ella.

Contemplo el mausoleo que le fue realizado a quien fue reina después de muerta. En la parte superior del sepulcro se halla el cuerpo yacente de Inés de Castro, rodeada de seis ángeles que la custodian. Su cabeza coronada es la muestra de haberse cumplido la promesa de su amor. A su lado, la tumba de Pedro I. Su cuerpo yacente lo muestra con largas barbas y sigue el mismo patrón y número de ángeles que los de la dama, con la particularidad y la diferencia de que a los pies de la figura masculina descansa en posición de reposo un perro.

Mientras estaba mirando el cuerpo de Inés en piedra a mi espalda, escuché un murmullo. Era un grupo de jubilados que acababan de entrar en la sala del mausoleo. Se pusieron a un lado del sepulcro y el guía les comenzó a hablar. No quise perderme la ocasión de enterarme de lo que les decía. Acercándome con disimulo al grupo y agudizando el oído, escuché que les contaba que al morir el rey don Pedro mandó colocar los dos túmulos en la iglesia de tal modo que a la hora en que llegara el juicio final y tuvieran que despertarse de su letargo, ambos amantes volvieran a reencarnarse en el mismo momento y en el mismo lugar.

Al mirar con detenimiento, me fijé en algo que no había observado. Bajo el sepulcro había unas figuras a modo de soportes. A Inés de Castro la elevaban seis monjes y a Pedro I seis leones. Como el guía no contó el significado a su grupo, me quedé con las ganas de saberlo.

Salí del mausoleo de Inés y Pedro antes de que lo hicieran los jubilados para no mezclarme con ellos. Fuera del monasterio, no podía quitarme de la memoria una estrofa de *Os Lusíadas* de Luís de Camões:

> Ojos, herido me habéis,
> acabad ya de matarme;
> mas, muerto, vuelve a mirarme,
> para que me resucitéis.

Sugerencias

Película: para mi invitación cinematográfica, tengo recurrir de nuevo a la obra de Camilo Castelo Branco y aconsejarle *Amor de perdición: memorias de una familia*, pero en esta ocasión no va a tratarse de un filme, sino de una miniserie para televisión que consta de seis capítulos. Su bien cuidada adaptación la realizó en 1979 Manoel de Oliveira, al que considero el más importante director de cine que ha dado Portugal.

Pintura: el cuadro que le propongo se llama *La coronación de Inés de Castro en 1361*, pintado por el artista francés Pierre-Charles Comte alrededor de 1849. En el lienzo, tal como indica su título, podemos presenciar la coronación de Inés como reina de Portugal. En el cuadro se la ve sentada en el trono con la corona en la cabeza. Tiene los ojos cerrados, la piel blanca, apergaminada, y el rostro inerte. Como le he contado, en esa celebración Inés llevaba cinco años muerta.

Libro: no puedo dejar pasar de largo *Amor de perdición*. Sería injusto hacerlo después de haberle hablado de ella con tanta insistencia durante mi paseo por el cementerio de Laja, a lo que hay que añadir que se trata de una obra maestra de la literatura portuguesa. *Amor de perdición* es una novela de corte romántico, escrita en quince días, mientras Camilo Castelo Branco cumplía condena en la cárcel de Oporto acusado de adulterio. La historia, a pesar de parecerlo, no está basada en la vida del escritor, sino en un hecho real acontecido a un tío suyo, quien fue castigado con el destierro a la India portuguesa.

Canción: deténgase a escuchar la composición portuguesa que lleva por título «Clandestinos do amor». Paladee sin prisas los versos que entona con su magistral voz Ana Moura: «Pero mientras me mires soy eterno. Estoy vivo mientras escuche tu voz. Contigo no hay frío ni invierno».

Arte funerario: para la recomendación correspondiente a este apartado, debemos desplazarnos a Lisboa, al precioso y romántico cementerio de los Prazeres para poder admirar la tumba de Carvalho Monteiro, más conocido por el sobrenombre Monteiro dos Milhões, debido a la inmensa fortuna que atesoraba. Era miembro de la masonería y su ideario lo reflejó en la Quinta da Regaleira de Sintra, una de las mayores locuras arquitectónicas y paisajísticas jamás construidas en territorio portugués y que es de obligada visita. Pero lo que aquí interesa es el panteón que se halla en el cementerio de los Prazeres de Lisboa, que puede ser considerado una extensión de dicha quinta. De hecho, la cerradura de su tumba es la misma que la de su casa; la misma llave servía para abrir los dos lugares. El panteón bien puede considerarse un libro en piedra sobre la simbología masónica. Se aprecia una abeja que transporta una calavera; las abejas representan la organización y diligencia de los miembros masones. Vemos un búho, animal que es considerado sabio. No faltan una serie de adormideras, que representan el eterno descanso del que nadie puede escapar. Así pues, disfrutamos de muchos detalles que solo pueden ser valorados en toda su dimensión por iniciados en esa esotérica asociación.

6

MAUSOLEOS, CAPILLAS Y DEMÁS EXQUISITECES

Se llama «mausoleo» a un gran monumento sepulcral, generalmente de piedra, utilizado para enterrar y consagrar los restos de una persona famosa o poderosa. Eso es lo que decía un pequeño diccionario que lleva muchos años acompañándome. Lo que no contaba ese viejo volumen de mi juventud era la curiosidad del origen de esa palabra. El término se remonta al siglo IV a. C., cuando el rey Mausolo decidió construir el famoso mausoleo de Halicarnaso en la colina más alta de la ciudad. Una edificación levantada con el propósito de ser su hogar eterno y que debería ser recordada por lo notable de su construcción. En el fondo, era un acto de vanidad.

Cuando falleció el monarca, la obra aún estaba por finalizar y fue su esposa Artemisa quien hizo todo lo que estaba en sus manos para terminar lo que su esposo había comenzado. Tan grande era el amor de Artemisa por Mausolo, que se dice que bebía todos los días una cantidad de las cenizas del cuerpo de Mausolo, diluidas en licor, para así tenerlo toda su vida en su interior.

19. Mausoleo de los Amantes, iglesia de San Pedro (Teruel)

El primer viaje largo que realicé con mi esposa fue en nuestra luna de miel. Tres días y dos noches en Teruel, los motivos de esa elección no vienen al caso, aunque uno de ellos era que los ahorros no nos daban para mucho más en esos años de escasez y porque de paso hacíamos una visita relámpago a la monumental ciudad de Daroca para visitar a unos familiares con quien mantenía unos estrechos lazos.

En Teruel nos alojamos en una pensión a dos pasos de la plaza del Torico. Contaba con un lavabo comunitario en el pasillo, que era utilizado por los huéspedes de las cuatro habitaciones de la planta. El cuarto en que nos alojábamos tenía una cama amplia con colchón de lana, un armario atacado de carcoma y en un rincón un palanganero con una jofaina y un aguamanil de cerámica con motivos florales. Bajo la cama descubrimos un orinal de porcelana con la decoración a juego con los utensilios del palanganero. Completaban el decorado una mesilla de noche y una silla con una toalla en el respaldo; en la pared, sobre el cabezal de la cama, colgaba un crucifijo de madera y a su costado una imagen de la patrona de Teruel, santa Emerenciana, que estuvieras donde estuvieras en la habitación, te perseguía con la mirada.

En esos tres días en Teruel descubrimos nuestras pequeñas diferencias y aprendimos a hacerlas invisibles con el paso de los años. Cuánta razón acompaña a Aristóteles cuando dijo: «El amor está compuesto por un alma habitando dos cuerpos».

Recorrimos Teruel varias veces sin importarnos repetir camino por las mismas calles que ya habíamos visto en anteriores paseos. Ese volver a ver lo ya visto no nos importaba, porque lo que más deseábamos era estar juntos. Iglesias y torres mudéjares eran nuestros confidentes. El segundo día decidimos entrar en la iglesia de San Pedro con la intención de acercarnos a un sepulcro que para mi esposa y también para mí encerraba una de las historias románticas más famosas y antiguas de España.

Verona y Teruel tienen sus propios amantes, los unos son conocidos en los cuatro puntos cardinales de la Tierra y los otros se tienen que conformar con solo serlo a nivel nacional. Todo el mundo sabe que Romeo y Julieta son los amantes de Verona, pero es fácil desconocer que Isabel y Diego son los de Teruel. Ambas historias tienen en común que nos presentan un amor intenso al que espera un desenlace trágico. Muchas veces, lo mundial y lo local son tan similares que pueden llegar a confundirse. Lo que en esencia las diferencia es que Romeo Montesco y Julieta Capuleto pertenecen a la ficción salida de la inmortal pluma de William Shakespeare y en cambio los amantes de Teruel, Diego Martínez de Marcilla e Isabel de Segura, son personajes reales del siglo XIII, pues hay constancia de ellos en documentos que, en mayor o menor medida, certifican su existencia. Actualmente, el documento que avala la historicidad se custodia en el Archivo Histórico Provincial.

Nada más entrar en la iglesia de San Pedro, nuestros pasos se encaminaron por inercia hacia la capilla de San Cosme y San Damián.

En el año 1955, en la capilla de San Cosme y San Damián de esa iglesia, se descubrieron los cuerpos momificados de dos personas que llevaban muchos siglos enterradas. Al lado de sus cuerpos descansaba un documento de considerable antigüedad que recogía el suceso. Este protocolo permaneció perdido —o mejor dicho, semioculto— durante más de trescientos años, por lo que en esos tres siglos los hechos tuvieron que ser transmitidos por tradición oral. Grandes autores clásicos de la talla de Tirso de Molina, e incluso Lope de Vega y Miguel de Cervantes, escribieron en el Siglo de Oro sobre el tema de ese amor que se profesaron los dos jóvenes de Teruel.

En este momento en que he hablado de grandes de la literatura no puedo evitar apartarme durante unas líneas de la historia de los amantes de Teruel para hablarle a grandes rasgos del amor cortés. El amor cortés nació como un innovador género literario en la Alta Edad Media, que elevó la posición de la mujer en la sociedad y estableció los temas del género romántico reconocibles en la actualidad. Las poesías de amor cortés presentaban a una dama, normalmente casada, pero siempre inaccesible, que se convertía en objeto de la devoción, el servicio y el sacrificio de un noble caballero. Antes del desarrollo de este género, las mujeres aparecían en la literatura medieval como personajes secundarios, casi como posesiones de sus maridos, padres o hermanos. Bien podríamos enclavar en esa tendencia el nacimiento de la leyenda de los amantes de Teruel.

Hay que trasladarse a 1837 para que las desventuras de los amantes alcancen su más alta cota, amparados en el periodo que se ha dado en llamar Romanticismo, cuando el escritor Juan Eugenio Hartzenbusch tomó la historia como argumento para su obra más conocida, y que lleva el sencillo y clarificador título de *Los amantes de Teruel*.

La capilla que se presentaba delante de nosotros era de estilo neogótico, y la oscuridad que reinaba en las fechas de la luna de miel le confería un aspecto inquietante. Por suerte, desde hace unos años, en el 2006, han sido trasladados a un nuevo emplazamiento que recibe el nombre de Museo de los Amantes. El cambio fue radical. La tenebrosa imagen de las sepulturas en la capilla se tornó en un espacio donde la claridad impregna de luminosidad a las figuras.

No puedo dejar pasar de largo la historia de los amantes, aunque con toda posibilidad ya la conocerá. Teruel en el siglo XIII era una plaza fronteriza frente a las taifas musulmanas asentadas en Levante. Dos jóvenes enamorados, Diego Martínez de Marcilla e Isabel de Segura, hacían planes para casarse en un futuro próximo. Las dificultades las originaba el ser Diego un segundón sin apenas herencia; por ello, el padre de Isabel, de familia más prospera, se oponía al matrimonio. Tras mucho insistir Diego, el padre de Isabel finalmente se aviene a que le sea otorgado un plazo de cinco años para salir de Teruel en busca de fortuna, y con esa intención Diego parte a la guerra dispuesto a todo lo que haga falta para regresar a Teruel cargado de dinero, oro y joyas, una fortuna que le permitiría desposarse con su amada. Pasan los años. Cuando está a punto de expirar el plazo y sin noticias del joven, la familia de Isabel concertó su boda con Pedro de Azagra, hombre poderoso y hermano del influyente señor de Albarracín.

Diego llegó a Teruel un día después de cumplirse los cinco años de su ausencia. Vuelve con suficiente riqueza para poder casarse con su amada. Su tardanza en el regreso fue debida a que Zulaima, esposa del emir de Valencia, había pretendido poseerlo y él la rechazó por el amor que sentía por Isabel. Cruzando el portal al que llaman de Andaquilla escucha el repicar de todas las campanas de la ciudad. Ese mismo día, minuto antes, las familias de Azagra y Segura habían celebrado las nupcias de sus hijos Pedro e Isabel. Desesperado por la noticia, llegó a la casa de los recién casados, y le pidió a Isabel un beso que ella, como mujer casada, se negó a darle, poniendo de escudo su honra. Ante el dolor, Diego se desplomaba muerto.

Al día siguiente, en su funeral, Isabel se acercó al cuerpo inerte del joven difunto, y le dio el beso que en vida le había negado. Al instante cayó muerta sobre el cuerpo de su amado. El porqué decidieron enterrarlos juntos nunca lo sabremos, solo conocemos que pasaron a la historia como «los amantes de Teruel».

Teníamos frente a nosotros la capilla en que descansaban los enamorados. Allí custodiados estaban los restos momificados, en unos sarcófagos de alabastro esculpidos por gran escultor Juan de Ávalos, en 1959. Sobre ellos, dos estatuas yacentes representan a los amantes en eterno reposo. Dos cosas sorprenden a simple vista, sin prestar excesiva atención. La primera que ambas figuras tienen el cuello levemente ladeado para mirar hacia ningún otro lugar que no sea su amante, posición que no resulta habitual en las estatuas yacentes. También resalta que sus manos, aunque parezca que se están tocando, no llegan a posarse la una en la otra, en un gesto que el escultor pretendió que simbolizara su amor imposible.

Cuando salimos de la iglesia de San Pedro, aún con el mausoleo de los amantes fijado en nuestras retinas, nos paramos en una taberna que nos pillaba de camino a la pensión y acabamos merendando un troncho de longaniza de Monreal, regado con un peleón tinto de la casa. Entre trago y bocado, miré a mi esposa y fui consciente que en ese momento no había otros amantes en Teruel que no fuéramos nosotros. Como fondo, creí escuchar a Honoré de Balzac diciéndome: «Puede uno amar sin ser feliz; puede uno ser feliz sin amar; pero amar y ser feliz es algo prodigioso».

20. Convento de las Salesas Reales (Madrid)

Una mañana, mientras nos encontrábamos tomando unas porras con chocolate caliente en el café Gijón, mi amigo de Madrid, del que ye le he hablado antes, me contó que había leído en una revista religiosa que la capital era ciudad de conventos, lo que la llevaba a ser la población de España con mayor número de ellos. Veinticuatro, ni más ni menos, matizó. En la clasificación mundial se conforma con un honroso segundo puesto detrás de la imbatible Roma, que supera el centenar.

La información no me deparaba interés, pero aun así la puse en cuarentena para comprobarla en algún momento y no llevar en mi cerebro un dato no contrastado. A continuación me dijo, sin venir a cuento, que en 1776 el rey Carlos III, para evitar que se produjeran matrimonios entre clases sociales diferentes, estableció que en España los hijos e hijas menores de 25 años solo pudieran casarse con la autorización paterna.

Mi amigo cambiaba de tema sin que me diera tiempo a hacer la digestión del que hacía unos segundos me había hablado. No había forma de frenar sus precipitadas ganas de sacar a relucir lo mucho que sabía. Era de esas personas con amplia cultura a las que se les amontonan los conocimientos y suelen sacarlos atropelladamente. Solo callaba cuando acercaba la porra a la boca, momentos en que yo aprovechaba para mirar por la amplia cristalera con vistas al Paseo de Recoletos si continuaba chispeando.

Después de dar un generoso bocado, siguió contándome que con la llegada de la Ilustración empezó a cuestionarse el derecho de los padres para concertar los matrimonios de sus hijos. Personajes ilustres como Francisco de Goya lo plasmó y denunció en su óleo *La boda* y en el grabado *¡Qué sacrificio!* No menos crítico, puntualizó, era el escritor Leandro Fernández de Moratín, quien en tres de sus obras teatrales se muestra contrario a ese tipo de uniones, destacando de entre ellas la maravillosa *El sí de las niñas*.

Iba a interrumpirle para proponerle acercarnos al Panteón de España, en la antigua basílica de Nuestra Señora de Atocha, para contemplar una vez más el maravilloso conjunto de mausoleos de los políticos Práxedes Mateo Sagasta, Antonio Cánovas del Castillo o José Canalejas que habían realizado escultores de la talla de Mariano Benlliure o Agustín Querol. Mi amigo no me dio tiempo a hacerlo, porque empezó a decirme en relación con las uniones de conveniencia que un caso aparte fueron los matrimonios de la realeza, que en el fondo no dejaban de ser pactos políticos y las hembras eran emparejadas casi desde el mismo día en que nacían, después de comprobar cuál era el sexo que traían a este mundo. A lo largo de los siglos, la unión entre príncipes y princesas era cuestión de Estado, con el fin de agrandar los territorios y crear alianzas económicas. El amor en esos casamientos no estaba presente; sin embargo, como en todas las cosas, hay lugar para la excepción y, aunque este tipo de matrimonios concertados generalmente llevaban asociada la infelicidad de los contrayentes, en algunas ocasiones el amor acabó venciendo a la imposición paterna. En ese grupo citó a Fernando VI y a Bárbara de Braganza.

Le manifesté que no estaba puesto en esa parte de la historia de España, al tratarse de un rey que, continuamente, me había causado dificultades, al no ubicarlo correctamente en la relación de los monarcas españoles. En todas las ocasiones que enumeraba la lista que comenzaba con los Reyes Católicos acertaba hasta Felipe V para después instalar erróneamente a Carlos III, olvidándome por completo de su hermanastro Fernando VI.

Sorprendido por mi desconocimiento, se dispuso a solucionar mi ignorancia y propuso llevarme al lugar donde Fernando VI y su esposa, Bárbara de Braganza, están enterrados. El convento que guarda sus cuerpos no distaba ni cinco minutos del café en que nos encontrábamos. La lluvia había cesado.

Fue un paseo corto que nos dejó a las puertas de uno de esos veinticuatro conventos de los que me había dicho que contaba Madrid, el convento de las Salesas Reales. En el trayecto tuvo tiempo de contarme que la unión entre Fernando y Bárbara fue un matrimonio concertado, de Estado. Fernando tenía 17 años, y ella dos más; no obstante, ya los habían comprometido cuando el futuro rey tenía 9. No se conocían y le hicieron llegar un cuadro en que la muchacha, su futura esposa, era un dechado de belleza. El príncipe se enamoró sin remedio de la mujer del cuadro.

La primera vez que se vieron los novios coincidió con el día de la ceremonia de su boda, en la catedral de San Juan Bautista de Badajoz. Por fin, Fernando podía mirar en persona el bello rostro que hasta la fecha solo contemplaba en pintura. Vio cómo Bárbara entraba por la puerta de la catedral, y cuando la tuvo cerca, todo el

129

mundo que había creado se le derrumbó. En nada se asemejaba la muchacha del cuadro a la que tenía parada delante de él. Si una tenía el rostro terso, la otra lo tenía picado de viruela; si una era de talle fino, la otra era todo lo contrario. ¡Qué desilusión sintió Fernando! ¡Qué diferencia abismal existía entre retrato y realidad!

Con esa explicación, nos encontrábamos ante la escalinata de la iglesia de Santa Bárbara, o como algunos la llaman, la iglesia de las Salesas Reales, que en 1748 la reina Bárbara de Braganza fundó como colegio para las hijas de la nobleza y como residencia a la que retirarse si ocurría que su esposo falleciese antes que ella. Dicha esa pequeña explicación, nos introducimos en su interior.

Ahora viene lo que engrandece la historia. Bárbara de Braganza era culta, de agradable carácter, dominaba seis idiomas y era gran amante de la música. Entre el séquito que la había acompañado desde Lisboa se encontraba el gran compositor Domenico Scarlatti, que era su profesor de música desde que tenía 9 años. Esa amplia cultura y sus cualidades humanas hicieron que Fernando empezara a sentir debilidad por esa mujer a la que en un principio había rechazado. Ya no le importaban ni la cara picada de viruela ni los kilos de más, porque los defectos se habían acabado convirtiendo en virtudes. Ya dijo José Ortega y Gasset que la belleza que atrae rara vez coincide con la belleza que enamora.

Mi amigo se movía por las dependencias como por los pasillos de su casa. Era tanta la familiaridad, que un par de monjas que nos cruzamos lo saludaron por su nombre de pila. En su interior, además del mausoleo, destacan las proporciones armoniosas de la nave, decorada con mármoles y pavimentos de jaspe y maderas nobles.

Tras un feliz matrimonio y doce años de un reinado dentro de lo que cabe tranquilo, la reina moría a los 47 años en 1758. Casi todos los monarcas de la Corona española, a partir de la dinastía de los Austrias, reposan en el Panteón Real del monasterio de San Lorenzo de El Escorial. Como la reina Bárbara de Braganza falleció sin descendencia, no tuvo derecho a ser enterrada en él, pasando a serlo en este Real Monasterio de la Visitación del que había sido promotora.

Lo primero que me mostró mi amigo fue el sepulcro de Bárbara de Braganza, del que explicó que era de un marcado estilo barroco

130

italianizante. Miré el soberbio pedestal sobre el que se alza un túmulo que lleva un almohadón con una calavera. Tras el almohadón se vislumbra por un medallón ovalado que contiene el retrato de la reina y en el que se la ve muy bella, como debía de resultar a ojos de Fernando.

Desolado por la pérdida de su amada esposa, Fernando VI se encerró en el castillo de Villaviciosa de Odón acompañado de un reducido grupo de sirvientes y cortesanos. Se retiró de los actos sociales y cerró sus puertas al mundo exterior.

Era de tanta intensidad el dolor del rey por la muerte de Bárbara que, durante el año que siguió a su deceso, Fernando VI no se cambió de ropa ni utilizó la cama para dormir, ya que lo hacía tumbado en el suelo. En la comida arrojaba platos y vasos a sus sirvientes sin que existiera motivo. Durante el día debía ser vigilado porque esperaba cualquier descuido de sus criados para tratar de ahorcarse con las sábanas de su cama. Sus criados, preocupados por sus continuos cambios de carácter y sus arranques de locura, decidieron servirle la comida en vajilla de plata para que no intentara comerse la de cristal, al haberlo intentado en más de una ocasión. Descuidó su higiene personal y comenzó a presentarse en público con un aspecto físico deplorable, desaliñado y un desagradable olor corporal por la ausencia de limpieza. El rey no quería ver a nadie, ni siquiera a sus ministros, negándose a tomar conocimiento de los asuntos de Estado. Finalmente acabó perdiendo la razón.

En 1759, a punto de cumplirse un año de la muerte de Bárbara, Fernando VI murió no sin antes rechazar la costumbre de ser enterrado en el Panteón Real para de ese modo poder descansar con su amada esposa en la iglesia de las Salesas Reales.

Tras el fallecimiento del monarca, el trono de España lo ocupó su hermanastro Carlos III, que ordenó la construcción en su honor de este precioso monumento al reconocido arquitecto Francesco Sabatini.

A continuación, me hizo que lo acompañara al sepulcro del rey, y al estar frente a él remarcó que su estilo era neoclásico. Me fijé y vi que estaba enmarcado en un arco de medio punto, realizado en mármol de distintos colores. Sobre el pedestal del sepulcro se alzaba una urna de piedra en cuya parte frontal destaca un relieve de Fernando VI protegiendo las bellas artes. A ambos lados de esta urna, dos estatuas representan la justicia y la abundancia. Todo eran detalles de un refinamiento exquisito que hacían que se perdiera la vista con tantas florituras. Me paré a leer la inscripción en latín situada en el pedestal del sepulcro: «Aquí yace el fundador de este monasterio, Fernando VI, rey de las Españas, óptimo príncipe que murió sin hijos, pero con numerosa prole de virtudes. Padre de la patria, murió el 10 de agosto de 1759. Carlos III, su hermano amantísimo, dedicó este monumento de tristeza y de piedad a su queridísimo hermano, cuya vida hubiera preferido al trono».

Terminado de contemplar el sepulcro, mi amigo me propuso acercarnos a un restaurante de Lavapiés donde me aseguró que hacían un muy buen cocido madrileño. No supe negarme a tan tentadora proposición. Miré por última vez la última morada de Fernando VI en el preciso momento que otro Fernando, Fernando Pessoa, con su preciso verbo y utilizando uno de sus heterónimos, me contaba los fundamentos del amor: «Amo como ama el amor. No conozco otra razón para amar que amarte. ¿Qué quieres que te diga, además de que te amo, si lo que quiero decirte es que te amo?».

21. Castillo de Púbol (Gerona)

En 1969, Salvador Dalí adquirió el castillo de la baronía de Púbol, una fortificación construida entre los siglos XIV y XV, de estilo marcadamente renacentista. Cuando realizó la compra, la edificación estaba en pésimas condiciones, casi derruida en su totalidad, lo que le imprimía un aspecto misterioso, dotándole de un aire gótico. Esa decadencia romántica es la que cautivó al pintor para decidirse a comprarlo. Tras la reforma a la que fue sometido, acabó convirtiéndose con Cadaqués y Figueras en uno de los vértices del triángulo daliniano por excelencia, y desde ese instante pasó a ser visión obligatoria para los admiradores del pintor.

Si nos fijamos detenidamente en el edificio, descubrimos a cada paso que rinde culto a Gala, casi como si se tratara de una señora feudal a la que hay que rendir vasallaje. Incluso la pareja acordó que Dalí no la visitaría si no era con una invitación de ella por escrito.

La última vez que vi el castillo de Púbol fue unos meses después de la pandemia. Empezaba a notar que mi cuerpo me avisaba de que era hora de empezar con las despedidas, pues mis días daban señales de estar apagándose.

Lo primero que visité del castillo fueron los jardines en los que crecen moreras y cipreses. Me fijé que en la piscina había diversos bustos esparcidos a su alrededor y reconocí el rostro de su admirado Richard Wagner. De improviso, el jardín se transmutaba en una selva cuando se pueden ver unos elefantes de patas largas que más que paquidermos asemejan insectos. Esas visiones son una clara advertencia de que se entra en un mundo onírico, en el mundo particular de Salvador Dalí.

En ese paseo por el castillo de Púbol, mi mirada se perdía en elementos que nunca mi mujer había podido contemplar, pues falleció antes de convertirse en una especie de museo. Mi esposa no sentía excesiva devoción por Salvador Dalí, del que decía que era mejor dibujante que pintor. Han pasado muchos años y aún no he llegado a saber si tenía o no razón.

La dueña absoluta del castillo de Púbol era Elena Ivánovna Diakonova, conocida mundialmente como Gala. Había nacido en Kazán, en zona tártara de Rusia en septiembre de 1894, en una familia de intelectuales. Salvador Dalí, por su parte, fue a nacer en el seno de una familia de clase media y conservadora. ¡Qué diferencia de puntos de partida para llegar al mismo destino! Uno de los hechos más importantes y que marcarán la vida de Dalí se da antes de su nacimiento. Sus padres trajeron al mundo a un niño al que bautizaron con el nombre de Salvador. El pobre murió unos nueve meses antes de que el genio viera la luz, por lo que lo habían concebido después de haber asistido al sepelio de su hermano fallecido. Sus padres reutilizaron el nombre del pequeño difunto para bautizarlo. Estos hechos marcaron sobremanera al artista, quien llegó a tener una crisis de personalidad. Creía que no era más que una copia de su hermano muerto. La presencia de la muerte y la ausencia de su hermano se le manifestaron desde que tuvo uso de razón.

El propio artista se encargó de la decoración del castillo, dotando las estancias de un estilo en cierto punto abigarrado y excesivo. Por todos los lados se ven antigüedades, y en todos los rincones se respira un barroquismo barnizado de simbología romántica.

Voy a dar un salto atrás en el tiempo. En el verano de 1929, el poeta surrealista francés Paul Éluard decide pasar las vacaciones en Cadaqués acompañado de unos amigos y de su esposa Gala. Éluard había conocido a Gala cuando ella tenía 19 años, y son padres de una niña. Es en esa estancia en Cadaqués cuando se conocen Gala y Dalí. Ambos se sienten atraídos inmediatamente. Dalí es esclavo de la fuerte personalidad de Gala, y ella, a su vez, ya sentía una cierta curiosidad por Dalí antes de esa estancia en Cadaqués. Pronto comenzaron a coquetear, y Gala, como quien se cambia de abrigo, cambió al poeta por el pintor. La fascinación que el artista sintió por la que llegaría a ser su musa se vería reflejada a partir de ese momento en casi toda su obra.

A finales de septiembre de 1929, Gala regresó a París para reunirse con su marido, llevando con ella varios cuadros de su ya amigo Salvador Dalí. El pintor, por su parte, se reuniría con Gala unos días más tarde, ya que viajaría a París con motivo del estreno de la película que había realizado con su amigo Luis Buñuel, *El perro andaluz*. En el nuevo encuentro que se produce entre Gala y Dalí surge un fuego abrasador en el que el amor intelectual supera con creces al amor físico. Convertidos en pareja, regresan a España en lo que el pintor denominó de una manera aséptica como un «viaje de amor».

Desde el primer instante, Gala vio en Dalí a un ser llamado para el éxito. No se confundía, tenía olfato para descubrir quién era un triunfador y quién un fracasado. Ese fue uno de los motivos que hizo que se uniera a él, y utilizó sus armas para seducirlo, cautivarlo y convertirlo en su más fiel seguidor. Se casaron en 1934, en una ceremonia civil, y veinticuatro años después volverían a hacerlo por el rito católico en una pequeña ermita. El enlace se llevó con discreción. Solo asistieron cinco personas, más el párroco que ofició la ceremonia.

Recorro el castillo pausadamente, como si fuera mi casa, sin prisas, empapándome del mundo de Dalí. Un mundo complejo y en ocasiones difícil de descifrar cuando se es ajeno a las excentricidades del pintor.

Las habitaciones tienen un ambiente sobrio y delicado, pensado para el que debía de ser el refugio de su esposa.

Dalí sintió hacia Gala una veneración especial; en alguien que no sea un genio se definiría como dependencia enfermiza. Era, como

Dalí la definió, la otra parte de sí mismo, su alma gemela, su parte femenina.

Dalí trabajaba para ella. Pintaba, ante todo y sobre todo, para ella y por ella. Su amor era tan exagerado y extremista que, a partir de 1929, Gala está reproducida en las telas de todas sus etapas.

«Toda mi pasión está en el amor que siento por Gala y no tengo sitio para más», comentó Dalí en un programa de televisión con el mismo tono de voz que hubiera utilizado para disertar sobre física cuántica.

Las excentricidades del artista estaban a la orden del día y no se puede negar que todo el mundo las esperaba y las aplaudía. A otra persona que no fuera Salvador Dalí se le hubiera descrito como loco por sus comentarios y sus estrambóticas puestas en escena. El propio pintor afirmó: «La única diferencia entre un loco y Dalí es que Dalí no está loco».

Dalí tenía horror al contacto sexual, así los amantes experimentaron un estado incondicional que facilitaba experiencias de una trascendencia no corporal. No había nada en las infidelidades de Gala que Dalí desconociera, pero ese tema no le interesaba lo más mínimo. El amor de la pareja era diferente al convencional. Gala se limitaba a ejercer el papel de madre espiritual del pintor, la musa que fue durante el medio siglo que permanecieron haciéndose compañía.

La salud de Gala se fue quebrantando hasta que falleció la noche del 26 de mayo de 1982. Fue enterrada con un vestido rojo. ¡Qué decisión más dura es tener que elegir la ropa con que vestir a un muerto!

Llegué al mausoleo y ante mí se presentaron dos sepulcros colocados en paralelo, muy cerca el uno del otro. En el de la derecha se encuentra Gala. En el de la izquierda es donde Salvador Dalí pidió descansar para permanecer eternamente al lado de su musa inspiradora. El sepulcro permanece vacío. Si eligió esas posiciones para situar las tumbas es porque siempre dormía a la derecha de su amada.

La muerte de Gala sumió a Dalí en una profunda depresión. Nunca regresó al castillo de Púbol. Cuesta imaginar a un genio siendo humano. Si lloró, nunca lo sabremos. No quiso salir del castillo hasta que en 1984, un incendio le provocó graves heridas y lo obligó a cambiar su residencia. A partir de entonces se alojaba en la Torre Galatea, que hoy en día se conoce como el Teatro Museo Dalí de Figueras.

Sin Gala, Dalí se abandonó. Se volvió apático, no quería ni comer ni beber, todo le daba igual sin la llama que le proporcionaba el alimento de su genialidad. Ingresó en el hospital con síntomas severos de desnutrición. Los escasos cuadros que salieron de sus pinceles tras la muerte de Gala eran fundamentalmente obras desgarradas, sin vida. Gala se había llevado al otro mundo una parte importante de su arte.

El 23 de enero de 1989, a la edad de 84 años, Salvador Dalí falleció a consecuencia de una parada cardiorrespiratoria en Figueras. En el gramófono sonaba *Tristán e Isolda*. Esa ópera de Wagner fue la última música que escuchó el pintor antes de desencarnarse de este mundo.

Por una serie de malentendidos y cuestiones económicas, Salvador Dalí no está enterrado donde quería. Su deseo era que lo enterraran en la tumba que permanece vacía en el castillo de Púbol. Cuentan que las dos tumbas están comunicadas entre sí, con un agujero interior pensado para que los dos amantes se dieran la mano hasta la eternidad. Ese sueño no se hizo realidad.

Me voy del castillo de Púbol dándole vueltas a un pensamiento magistral que Salvador Dalí nos dejó sobre su filosofía de la muerte, dando una lección de vida: «Disfruto tremendamente cada momento de mi vida porque la muerte, todo el tiempo, está muy cerca mirándome, y la muerte puede atraparme. Y cada cinco minutos en que la muerte no me atrapa, disfruto tremendamente».

22. Taj Mahal (Agra, India)

Nunca en mi vida había visto, y nunca más volví a ver, una luminosidad tan intensa en el rostro de mi esposa como cuando sus ojos se clavaron por primera vez en el Taj Mahal. El reflejo de la felicidad en su cara sirvió para justificar las eternas horas que habíamos necesitado para llegar a Agra, en el estado hindú de Uttar Pradesh.

La tomé de la mano porque sabía en quién estaba pensando y lo que estaba pensando. Mi esposa, de niña, hacía una colección de cromos que recibía el nombre de *Maravillas del mundo*. Solo le faltaba una estampa para completar el álbum, recordaba perfectamente que su número era el 241 y recogía una foto del Taj Mahal que se resistía a salir de dentro de los sobres que cada sábado su padre le daba después del desayuno y que ella abría con esa ilusión que se siente cuando se tienen 8 años. El 241 no aparecía por muchos sábados que pasaran. Llegó un día en que le dijeron que su papá se había ido al cielo. La niña que más tarde fue mi esposa lloró muchas noches por no tener a su padre al lado y porque nunca podría pegar el Taj Mahal en su álbum. Ese momento frente al imponente edificio tuvo la revelación de que su padre había bajado del cielo para entregarle el cromo que le faltaba para terminar la colección.

Desde lejos, la visión del Taj Mahal impresiona por su perfecta simetría. Llegas a pensar que lo que contemplas es un decorado de cartón piedra de una película en tecnicolor. Al contrario que otros monumentos, el Taj Mahal no pierde encanto a medida que uno se va acercando y el plano general se acaba transformando en un primer plano. Con precisión de relojero, se combinan elementos de la arquitectura islámica, persa, hindú e incluso puede que reconozcamos un ligero toque turco. A nadie le es desconocida la cúpula de mármol. El material principal del edificio es inconfundible, el mármol puro que adquiere distintas tonalidades según el momento del día y la intensidad con que le impactan los rayos de sol, pasando de un blanco intenso a un dulce rosado, para irse difuminando hacia un dorado que por su brillo no envidia al oro.

Antes del viaje a la India, mi esposa y yo nos dedicamos a buscar información y sin necesitar una segunda opinión dimos por bueno que Taj Mahal viene a traducirse como «palacio de la Corona».

El Taj Mahal es la pasión de un amor plasmado en piedra. Es el amor vivido por Arjumand Banu Begum y el emperador mogol Shah Jahan, quienes se conocieron en un mercado mientras ella se probaba un collar de cuentas de cristal. Él, cautivado por su belleza, se lo compró y la convirtió en su tercera esposa y la designó Mumtaz Mahal, «la elegida del palacio».

En 1628, Shah Jahan tomó el poder, sucediendo a su padre, y se convirtió en el quinto emperador mogol, a la vez que Mumtaz Mahal adquirió el rango de emperatriz consorte.

Tras disfrutar de algunos años de felicidad, Mumtaz Mahal murió cuando esperaba dar a luz su decimocuarto hijo. Sus últimas palabras fueron una petición al emperador de que le concediera tres deseos antes de morir: el primero, que le construyera una tumba; el segundo, que tratara con amor a sus hijos; y el último, que visitara el mausoleo en cada aniversario de su muerte. Solo una de las tres peticiones logró cumplir, y esa fue la primera: construirle una tumba, pero no una cualquiera, sino posiblemente el mausoleo más bello del mundo.

El emperador Jahan ordenó levantar el Taj Mahal para de ese modo enjugar la pena de tan dolorosa pérdida. La construcción se demoró alrededor de veintitrés años, el periodo que comprende entre 1631 y 1654. Documentos hablan de que veinte mil personas trabajaron en su construcción y se utilizaron unos mil elefantes para transportar los elementos necesarios.

Al terminar la obra, Shah Jahan ordenó dejar ciego al arquitecto que lo diseñó para evitar que realizara otro monumento igual de hermoso. Asimismo, hizo que les cortaran las manos a cuantos habían trabajado en la construcción para que no repitieran nada igual.

Mi esposa miraba el exterior del edificio como si no tuviera intención de entrar, viendo el cromo que nunca había tenido en las manos.

Efímero resultó ser el reinado de Shah Jahan después de la muerte de su querida Mumtaz Mahal. El sexto hijo de los catorce que dio a luz su amada asesinó a sus hermanos para conseguir el trono, se rebeló contra su padre, proclamándose sexto emperador mogol, y ordenó que su progenitor fuera encerrado como prisionero en el palacio del Fuerte Rojo de Agra.

Para hacer mayor el sufrimiento de Shah Jahan, fue recluido en una habitación a modo de celda que contaba con un balcón desde el que se podía ver el Taj Mahal, y allí se pasaba las horas contemplando el maravilloso mausoleo y de ese modo sentirse acompañando por su difunta esposa. Ocho años estuvo preso, hasta que cayó enfermo sin que pudiera levantarse de la cama. Una de sus hijas mandó que se colocara un gran espejo en su habitación para que desde el lecho, con solo girar el cuello, pudiera ver la imagen reflejada del Taj Mahal.

Entramos en el edificio, que consiste en una gran superficie dividida en multitud de salas. La central alberga los cenotafios de Shah Jahan y Mumtaz Mahal, que descansa sobre un pedestal cuadrado. Uno es más grande que el otro y están a diferentes alturas del suelo. La tumba que puede observarse dentro del mausoleo principal es solo una réplica. Los restos del emperador y de su esposa se hallan depositados a varios metros bajo tierra.

Fue una visita rápida, un visto y no visto, y minutos después estábamos paseando por los jardines del blanco edificio del Taj Mahal. Mi esposa era feliz, pues ya tenía en su poder lo más importante de su visita, el cromo 241.

En este ambiente orientalista por el que nos movíamos me vino a la memoria una de las frases que pueden leerse en la magistral obra *Las mil y una noches*: «El amor verdadero es aquel que resiste la prueba del tiempo y las adversidades, aquel que sigue ardiendo con la misma intensidad que en sus momentos más dulces».

Sugerencias

Película: sepa disculparme el que en lugar de una le recomiende en esta ocasión tres obras, pero no tres obras cualesquiera, sino tres auténticas obras maestras en las que colaboró Salvador Dalí. Por orden de año de filmación, son *El perro andaluz* y *La Edad de Oro*, dirigidas por Luis Buñuel, en las que se implicó en los guiones, y *Recuerda*, de Alfred Hitchcock, en la que participó realizando unos decorados oníricos que dieron aún más fuerza al filme.

Pintura: el cuadro que voy a resaltarle fue pintado en 1884 por Antonio Muñoz Degrain y nos muestra el interior de la iglesia de San Pedro, en la que yace el cuerpo sin vida y amortajado de Diego Martínez de Marcilla.

Sobre su pecho reposa la cabeza de su afligida amada Isabel, que acaba de exhalar su último suspiro tras besar los labios de su eterno amor. Todavía viste la ropa de sus recientes desposorios. La muerte acaba uniendo a los amantes.

Libro: más que un libro, en este capítulo quiero presentarle un opúsculo, *Una noche con los amantes de Teruel,* escrito por el reconocido autor turolense Javier Sierra. Su extensión se reduce a aproximadamente unas escasas cuarenta páginas, pero hacen honor a ese refrán que asegura que en tarro pequeño está la buena confitura. Esta ligera obra es de lectura tan agradable que se relee varias veces con el mismo interés que la primera. Refleja las sensaciones vividas por el autor durante una noche que pasó encerrado en solitario en el mausoleo de Diego e Isabel.

Canción: le propongo una larga canción del cantante brasileño Jorge Ben Jor que se titula «Taj Mahal». En ella nos habla del amor que fue el germen para crear ese monumento. A la música le encuentro cierto ritmo entre *jazz* y *bossa nova.* El cantante Rod Stewart ocupó el puesto número uno en la lista de ventas de sencillos del Reino Unido con «Da Ya Think I'm Sexy», sorprendentemente calcada al «Taj Mahal» de Ben Jor. Una demanda por plagio presentada por el músico brasileño confirmó que la canción se derivaba de su composición. Stewart acordó donar todos los beneficios de la canción al Fondo de las Naciones Unidas para la Infancia.

Arte funerario: no podían faltar el amor, la muerte y la locura que dominaron a Juana I de Castilla, más conocida como Juana la Loca. No he querido pararme a contar su historia en un capítulo por lo conocida que resulta de tantas veces como ha sido relatada. El cuerpo de la reina y de su consorte Felipe, apodado *el Hermoso,* se hallan en la capilla real de Granada. Sobre la repisa están los cuerpos yacentes, Juana con vestiduras de moda borgoña y collar sobre su pecho, sostiene con ambas manos el cetro real; a su lado, Felipe viste armadura y dalmática con blasones de los diferentes reinos, luce el collar del Toisón de Oro y sostiene una espada con las manos. Un conjunto escultórico de alto nivel.

7

POR TIERRAS DE HISPANOAMÉRICA

Mis viajes por la América de habla hispana no han sido tan frecuentes como hubiera deseado, y a eso debo unir que son muchos los años en que llevo sin pisar esa parte del continente. Ese inconveniente puede que, en ocasiones, lleve acompañado que aparezca alguna laguna en lo que escriba y que intentaré subsanar como Dios me dé a entender, obviando más que mintiendo.

Ordenando en mi mente este capítulo, creía que le acabaría relatando un buen surtido de historias, pues Hispanoamérica es tierra fecunda en narraciones que, en bastantes ocasiones, van pasando oralmente de padres a hijos, creando de ese modo leyendas apegadas a la tierra, la muerte, a los lugareños y sobre todo a lo misterioso. Ese realismo mágico que tan fecundo es en esa parte del continente y que tan engarzado se presenta en la cultura popular.

Puesto en la labor, no tardé en darme cuenta de que rompía el tono de lo que hasta el momento llevaba escrito si incorporaba leyendas como la de la Enlutadita de Mezquitán, en la Guadalajara del estado de Jalisco, que pierde a su gran amor y todos los días se acerca al cementerio vestida de luto, o bien la novia que recorre el Cementerio General de Santiago de Chile por la noche, vestida con traje boda porque murió ante el altar el día en que se iba a casar.

¿Debía aventurarme a ello? ¡No lo sé! Nunca he sido muy de creer las cosas que no puedo ver, aunque puede que esté equivocado y en verdad existan. Me temo, por lo que le conozco, que usted, al igual que yo, no es amigo de ese tipo de relatos que se repiten idénticos en numerosos cementerios, muchas veces tan similares que se diría que siempre es el mismo.

23. Cementerio de Riobamba (Ecuador)

Riobamba es una ciudad enclavada en el centro de Ecuador. En el autobús que me conducía desde Quito sonaban, de vez en cuando, cumbias en el transistor del pasajero que ocupaba el asiento situado justo detrás de mí. Unas cuatro horas duró el viaje, lo que permitió que me dedicara a leer unos folletos que contaban que Riobamba fue la primera ciudad española fundada en tierras de lo que hoy es Ecuador. Durante el periodo colonial, fue una de las ciudades más grandes y bellas de las Américas por el esplendor de sus edificios. En ese repaso a las informaciones turísticas me paré en la que hablaba del cementerio que databa de 1903. También el mismo folleto me informó que fue construido por la Iglesia y que perteneció a ella hasta 1924, dato al que no presté mayor atención al no servirme de gran ayuda para mi propósito y pasé a localizar en un mapa que llevaba adjunto el hotel en que iba a pernoctar. Estaba en la calle España. Fue casualidad que dicha calle apareciera en el folleto que llevaba en mis manos, donde indicaba que era conocida como «la calle de los que se van y nunca regresan»; la frase se justifica porque por ella hay que pasar sin excusa para llegar al cementerio municipal. ¡Ya sea vivo o muerto!

El autobús entró con un relativo retraso de tres cuartos de hora en la estación de Riobamba. El atardecer se había echado encima y el amante de las cumbias había abandonado el autobús a nuestro paso por la población de Ambato. Cuando llegué a Riobamba, había mucho movimiento en las taquillas y los andenes. Ese ajetreo daba buena muestra del importante punto de comunicaciones que era la ciudad a la que acababa de llegar.

En el camino que llevaba de la estación al hotel contemplé una imagen que me deslumbró. Al fondo de una avenida, se mostraba una alta montaña que no tardé en descubrir que era el famoso e impresionante volcán Chimborazo. Presidía la cumbre un manto de nieve. Era la primera montaña de más de seis mil metros que veía en mi vida. Con esa visión fresca en la memoria llegué al alojamiento que tenía reservado.

Al día siguiente, en el hotel, me tomé un par de cafés bien cargados y los acompañé de tres o cuatro, no recuerdo bien la cantidad, torrejas de choclo en el desayuno. El choclo es como se llama a las mazorcas de maíz en parte de Sudamérica.

Dada buena cuenta del suculento manjar me dispuse a caminar por la calle España en dirección al cementerio, con el deseo de no pertenecer a ese grupo de personas que van y nunca regresan.

No hubo dificultad en encontrarlo. Los cementerios tienen la ventaja de que, tarde o temprano, siempre acaban localizándose. Al llegar, me introduje por unos arcos sobre los que ponía escrito en latín: *Ecce veritas aequalitas,* que traducido literalmente significa: «He aquí la verdad de la igualdad».

Traspasado el umbral, encontré el recinto limpio, bien cuidado y las sepulturas perfectamente alineadas. Me sorprendió agradablemente ese orden, lo que hizo que lo valorase más por no esperarlo.

Después de una pequeña vuelta, llegué hasta un cercado en el que se encontraba una tumba y frente a ella se mostraba una silla antigua de metal, deteriorada por el paso de los años y las inclemencias del tiempo. Me hallaba ante la sepultura por la cual había abandonado el día anterior Quito y recorrido el camino hasta Riobamba.

Elizabeth y Jozef Schneidewind, un matrimonio joven de nacionalidad alemana, habían llegado a la ciudad hacia finales del siglo xix. Eran una pareja de buen carácter, bondadosos y preocupados por los demás. Parafraseando a Publio Terencio Africano, debo decir de ellos que nada de lo humano les era ajeno. Si se enteraban de que alguna comunidad necesitaba ayuda, allí se presentaban para ofrecerse a colaborar. Eran felices realizando obras sociales y con esos ideales habían recorrido varios países de Sudamérica.

Todo iba de maravilla hasta que un día Elizabeth enfermó repentinamente. Luego de luchar varios meses contra un mal al que los médicos no conseguían encontrar el antídoto, falleció en los brazos de su pareja. Con los limitados ahorros con que contaba Jozef, compró un pequeño rectángulo de tierra en el cementerio de Riobamba para poder enterrarla.

La muerte de su compañera le significó un duro golpe del que no consiguió sobreponerse el resto de su vida. Con su futuro destrozado por la ausencia de Elizabeth, no encontraba sentido para continuar hacia delante. Nada lo ilusionaba, nada tenía interés y se pasaba la mayor parte del día en el cementerio, mirando con fijeza la tumba de su esposa, recordando su sonrisa, reviviendo en su interior la felicidad que compartieron, recordando los sueños que no se cumplirían. Lo único que le quedaba de valor era su evocación.

Jozef, al ser extranjero, tenía un plazo limitado de estancia para permanecer en territorio ecuatoriano. Cuando el permiso hubo caducado, se negó a dejar sola la tumba de su esposa y se resistió a abandonar Riobamba. No tenía ningún sitio al que ir, ya que no había nadie que lo esperara en ningún lugar. En su país de origen ya no le quedaba ningún vínculo familiar. Lo único que poseía en el mundo era ese rectángulo de tierra en el cementerio y el recuerdo de la mujer que estaba en ese lugar enterrada. Ante las autoridades, se negó a irse del país. Sin documentación, con el peligro de ser expulsado de Ecuador, se pasaba los días en el cementerio, que se había convertido en su hogar. Permanecía las horas sentado en una silla con los ojos fijos en la tumba de su gran amor.

La silla estaba cerca de mí, con solo estirar la mano y sorteando sin esfuerzo la verja podía tocarla. Esa silla no tenía nada en especial que la hiciera diferente a ninguna otra de su clase. Era una silla normal, de tablas y metálica, como las que podemos ver en las terrazas de los bares.

Cualquier persona que visitaba el cementerio se encontraba a Jozef sentado, abstraído en sus pensamientos; con su mente ocupada con los momentos que había compartido en compañía de Elizabeth. Nada ni nadie más le interesaba. A primera hora, cuando abrían las puertas, entraba en el cementerio, iba directo a la tumba y daba los buenos días a su esposa. Aquel terreno se había convertido en su más querido territorio. Desde la silla recitaba los versos que más le habían gustado a su esposa en vida y de vez en cuanto le cantaba canciones que habían bailado. Ningún visitante al verlo bailar con el aire como si fuera su amada se refería a él llamándole «loco».

Los empleados del cementerio, que día tras día lo veían sentado en la silla, se acercaban para entregarle parte de su comida y compartir unos minutos de conversación. Jozef se había convertido en una parte importante del cementerio y era querido por todos. Pasados unos años, las autoridades decidieron compadecerse y le dieron documentación para que pudiera seguir viviendo en Ecuador y de ese modo no tener que separarse a la fuerza de su amada.

Así pasó en el cementerio varios años hasta el día en que falleció. Lo encontraron muerto en la silla con una sonrisa de felicidad en el rostro, como si hubiera vuelto a reunirse con Elizabeth. Ya no volvería a bailar con el viento.

Fue sepultado por la propia gente del cementerio al lado de su esposa. Como decoración, los sepultureros decidieron que la silla en la que había pasado tantas horas no fuera retirada, simbolizando el estandarte del amor.

Antes de decidirme a abandonar el cementerio, con cuidado y sin que nadie pudiera verme, me introduje en el cercado que protegía la sepultura y me senté durante unos minutos en la silla donde aproveché para recitar de memoria, mirando con fijeza la tumba como si en ella estuviera mi esposa, la primera estrofa de una composición del poeta ecuatoriano Medardo Ángel Silva:

Va ligera, va pálida, va fina,
cual si una alada esencia poseyere.
Dios mío, esta adorable danzarina,
se va a morir, va a morir... se muere.

24. Cementerio General de San José (Costa Rica)

Cuando a uno le hablan de Costa Rica, la primera imagen que nuestra mente nos facilita es una playa de fina arena dorada con palmeras que mece el viento, y de fondo no puede faltar el océano que muestra diferentes tonalidades que oscilan entre el añil y el azul claro. Ese paisaje no necesita de la ayuda de ningún filtro para servir de decorado a folletos turísticos que ofrecen el paraíso durante siete días, con todo incluido y liquidable en cómodos plazos. El lugar de Costa Rica en que yo me encontraba no podía ser utilizado para esa campaña publicitaria, ya que no contaba con playa. Estaba en la capital de la nación, San José, y un centenar de kilómetros la separan del océano.

Es Costa Rica un país ideal para arrinconar el reloj y encontrar la velocidad que nos convierte en humanos en un mundo de autómatas. En Costa Rica hay que seguir el consejo que proporcionó Cicerón hace ya muchos siglos: «La persecución, incluso de las mejores cosas, debe ser calmada y tranquila».

En mi estancia en San José, mi deseo, entre otros asuntos, era el de acercarme al Cementerio General. Una mañana de los cuatro días que permanecí en la isla se dio la circunstancia oportuna de poder cumplir mi antojo.

El Cementerio General de San José es extraño, muy bello; pero repito, extraño. Si le introdujera dentro con una venda tapándole los ojos y sin aviso se la quitara cuando llevamos unos metros recorridos, puede estar seguro de que le costaría adivinar en qué país se encuentra. Lo primero que le haría dudar serían dos altas columnas griegas de estilo corintio que sujetan un bloque con el nombre de quien fue presidente de la nación, León Cortés Castro. Su mirada se toparía segundos después con una pirámide egipcia cuya entrada está custodiada por un lado por una esfinge, que viene a ser una copia a escala reducida de la de Guiza, y por el otro un ángel. En su interior descansa un famoso ingeniero costarricense de quien en este instante no recuerdo el nombre.

Mi interés por ir al cementerio de San José se debía a que deseaba hacer una visita a Luisa Otoya, una joven de extremada belleza que había nacido en 1857 y que pertenecía a una familia adinerada de la ciudad. Su madre, Magdalena, era alemana, y su padre, Francisco Otoya, un economista peruano que se instaló en Costa Rica y que consiguió atesorar una considerable fortuna.

Luisa lo tenía todo: belleza, salud y dinero. Una vida de abundancia, con todos los elementos para escribir un buen cuento de hadas.

De improviso, en la vida de la hermosa Luisa hizo su aparición un hombre. Se llamaba Antonio Amerling Capitelo y, como los padres de Luisa, no había nacido en Costa Rica. Era natural de Ragusa, hoy localizada en Italia, pero que en aquellos años estaba anexionada al Imperio austriaco.

Antonio Amerling había llegado al país centroamericano para emprender un negocio familiar en el que tenía depositadas muchas

150

expectativas de conseguir riqueza lo antes posible. Había cruzado el Atlántico con el propósito de construir un imperio agrícola en Costa Rica. A sus oídos habían llegado voces que le hablaban maravillas de su fertilidad y de su clima. Su idea era la de dedicarse a sembrar verduras, frutas y hortalizas que después de recolectadas embarcaría con destino a Europa, pues era conocedor de que se venderían a buenos precios. El mercado europeo cada vez demandaba con más interés esos productos, sobre todo las exóticas frutas tropicales. El negocio tenía todos los elementos para convertirse en éxito, y así fue.

Uno de los días en que abandonó la plantación asistió a una fiesta celebrada en San José, en la que se hallaban reunidas las familias más acaudaladas del país. En esa reunión social, Antonio y Luisa fueron presentados por un amigo común. Cupido también hizo acto de presencia y actuó rápido. Los dos jóvenes no pudieron esquivar las flechas del travieso angelito y no tardaron en descubrir que habían sido creados el uno para la otra. Coincidían en tener entre otras virtudes belleza, cultura y elegancia. Ninguno de los dos, hasta la fecha, había conocido lo que se suele llamar el amor verdadero. Todo señalaba que iban a ser muy felices.

Conocer a esa muchacha consiguió que a Antonio se le pasara al instante la añoranza de su tierra, de su familia y de sus antiguos amigos. Días más tarde tomó la gran decisión de quedarse en Costa Rica para vivir con su enamorada el resto de su existencia.

Cuando Luisa cumplió 18 años, formalizaron su relación con un matrimonio que recibió el visto bueno de la familia Otoya al completo. La fiesta que se organizó en la ceremonia de la boda fue el comentario principal en la capital. No se escatimó ningún detalle para agasajar a los recién casados. Fue eso que suele dar en llamarse una *fiesta de postín*.

No tardaron en tener descendencia, un niño al que bautizaron con el nombre de su abuelo, Francisco. Después del nacimiento del bebé, la salud de Luisa se empezó a deteriorar. El rostro demacrado y los dolores que padecía hicieron que Antonio no escatimase en gastos para llevarla a los mejores médicos de Costa Rica sin que ninguno diera en acertar con la enfermedad que padecía Luisa.

Con el paso de los días, Antonio veía a Luisa en un estado más demacrado que el día anterior. Desesperado, decidió que debía de llevar a su amada a Alemania para que fuera tratada por los más reconocidos doctores.

Reputados médicos alemanes diagnosticaron después de exhaustivas pruebas que padecía una enfermedad que le afectaba a los riñones. Al recibir el resultado de los análisis, Antonio tomó la decisión de que fuera operada lo antes posible en Europa para evitar que realizara un viaje tan largo en barco hasta Costa Rica. Su intención era que cuando saliera de la operación, la dejaran una temporada recuperándose y entonces sí, ya repuesta y sin molestias, harían el viaje de regreso a Costa Rica para reencontrarse con la familia. Esos eran los planes que tenía pensados Antonio Amerling. Pero bien cierto es que el hombre propone y Dios dispone.

Todas las ilusiones que el matrimonio tenía depositadas en la curación se transformaron en amarguras. La operación no salió como se esperaba y Luisa falleció en la ciudad italiana de Trieste a los 36 años.

En el paseo por el Cementerio General de San José seguí contemplando columnas corintias, pirámides, una copia en mármol de la *Piedad* de Miguel Ángel, pero lo que yo andaba buscando era el mausoleo de Antonio Amerling y Luisa Otoya. No tardé en encontrar la pequeña réplica del Partenón de Atenas donde se encuentran sus cuerpos.

Fue un duro golpe para Antonio la muerte de su esposa. El corazón, como suele decirse, se le rompió en mil pedazos. Nada en la vida tenía sentido si no estaba Luisa a su lado. Pasaron días, pasaron semanas y seguía sin encontrar sentido a nada de lo que hacía. Todo era un vacío aterrador que no le daba ni un segundo de tranquilidad. Sin ella, nada tenía valor. Nada tenía la suficiente importancia para interesarle. Los días se le hacían insoportables. No le quedaba otra alternativa que sobreponerse al drama de la ausencia de Luisa, tenía que acostumbrarse a vivir sin ella a su lado, no quedaba otro remedio si no quería caer enfermo, y ello lo llevaría a no poder dedicarse a educar a su hijo Francisco, quien era la única luz de su existencia. Necesitaba encontrar alguna forma de mantener vivo el recuerdo de la mujer que había llenado su vida. Con ese pensamiento, buscó al mejor escultor para que realizara una figura tan perfecta que le diera vida a través del mármol. Después de mucho rastrear, localizó al artista venezolano Eloy Palacios, uno de los cinceles más reconocidos del mundo en aquellos años. Antonio le encargó que hiciera una escultura de Luisa dormida sobre una cama.

Cuando Palacios terminó la obra, fue embarcada y trasladada con sumo cuidado hasta Costa Rica. Mientras el barco con el grupo escultórico atravesaba el océano Atlántico, Antonio Amerling mandó que se construyera una réplica del Partenón para ser colocada en el Cementerio General de San José. Para nada valía el dinero que había atesorado si no era para honrar la memoria de su amada Luisa. Puede que eligiera el Partenón, no se lo digo con conocimiento sino como suposición, porque ese lugar es en la mitología griega la residencia de las jóvenes, y está dedicado a la diosa griega Atenea, diosa de la sabiduría.

Una vez que estuvo construida la réplica, se introdujo dentro la escultura que había realizado Eloy Palacios. Varios metros más abajo, se ubicaron los nichos, dieciocho en total, en uno de los cuales se introdujo el cuerpo embalsamado de su adorada Luisa.

Ver la escultura me produjo escalofríos por el realismo que desprende el mármol tan bellamente trabajado. Luisa yace sobre una cama. Da la sensación de estar dormida. Sobre su pecho agarra un rosario su mano derecha, mientras que su brazo izquierdo cae desmadejado hacia un costado de la cama. El rostro ligeramente girado hacia el lado derecho muestra un estado de serenidad que hace olvidar que está muerta. Sobre la estatua, la revista cultural costarricense *Pinceladas* comentó cuando fue expuesta por primera vez: «Cuanto de esa soberbia obra de arte se diga, cuantos elogios se la tributen, han de resultar pálidos ante el valor real de esa escultura que, antes que trabajo comercial, parece el resultado de largos años de estudio y de labor de un artista que hubiera querido encarnar en ella la expresión suprema de un ideal melancólico».

Cuando murió Antonio Amerling en 1919, su cuerpo, como estaba previsto, se colocó dentro del mismo sepulcro, al lado del de Luisa Otoya, para que permanecieran durante toda la eternidad haciéndose compañía.

Nada más tenía intención de ver en el cementerio de San José y decidí irme, pero antes contemplé una vez más la estatua del cuerpo tumbado de Luisa y recordé lo que dijo el escritor romano Apuleyo en el siglo II: «Uno a uno, todos somos mortales. Juntos, somos eternos».

25. Cementerio General de Quetzaltenango (Guatemala)

El quetzal es una de las aves más bellas del mundo; en particular, el macho. Su plumaje reluciente y su cuerpo con tonalidades iridiscentes, con un llamativo rojo en el vientre, combinan con diversos colores intensos, destacando el verde esmeralda en el resto del cuerpo. Si esos colores lo embellecen, lo que más sobresale de esas aves es su espectacular cola de cuatro plumas que llega a alcanzar un metro de largo en un cuerpo de apenas cuarenta y dos centímetros. Cuando abandona los árboles, es una maravilla verlo volar como una cometa multicolor.

Si le describo con tanto detalle los quetzales, no es por querer darle una pedante lección de ornitología. El auténtico motivo es porque me encontraba en una ciudad que, según pude averiguar, significa «donde habitan los quetzales» en el idioma mexica de la zona. Esa ciudad es Quetzaltenango y se halla en Guatemala.

Mi estancia en la ciudad de los pájaros quetzales fue efímera, pues mi único propósito se reducía a acercarme a su cementerio con la intención de pasar la mañana contemplando a una gitana.

En el interior del camposanto, los estilos y los materiales se entremezclan con acertado criterio. La piedra y el mármol conviven en armonía sin excesivas estridencias. Moviéndome entre mausoleos y tumbas me deslumbró la vivacidad con la que estaban pintados muchos de ellos: azul, amarillo y naranja. Ese colorido me hizo recordar a los quetzales.

Estaba prisionero de esas imágenes cromáticas cuando, sin darme cuenta, me encontré de frente a la gitana. Allí estaba, bella, tumbada con los ojos cerrados, como si de un momento a otro fuera a despertar, levantarse y saludarme. En uno de los laterales del sepulcro reparé en su nombre, Vanushka.

La leyenda de la gitana Vanushka tiene la virtud y la inexactitud que hace difícil dilucidar entre lo que es verdad y lo que el pueblo

154

llano ha ido inventado y ajustando a sus necesidades y deseos. Al tratarse de una leyenda transmitida sin soporte documentado, cuenta con diversas versiones. En este caso optaré por contarle la que considero más atractiva, además de ser la más popular.

En 1920 una caravana de gitanos llegó a Quetzaltenango. Se movían de ciudad en ciudad con sus carromatos. Entretenían a las poblaciones por las que pasaban con sus habilidades a cambio de unas pocas monedas. Al no poder colocar el circo en medio de la ciudad, tenían que montar el campamento en las afueras.

La atracción principal del espectáculo era Vanushka. Tenía fama la bella gitana de saber bailar danzas de Oriente, volver dóciles a los animales y el poder de leer el futuro en la palma de la mano de los que se atrevían a que se la leyera. Su nombre real era Margarita Mielos, pero nadie la llamaba así, como le he dicho todos la conocían como Vanushka.

Una noche asistió a la función el hijo del gobernador. Se acercó con unos amigos con quienes había estado de juerga por la tarde. Nada más verla salir a la pista moviendo la cintura al compás de la música quedó fascinado por su belleza. Desde ese momento no tuvo ojos ni para tragafuegos ni para equilibristas, porque su mirada estaba clavada en Vanushka y no existía forma de apartarla de ella.

En un momento dado, la gitana solicitó, como hacía en todas sus actuaciones, la colaboración de un voluntario entre el público para ayudarla a realizar su número. El hijo del gobernador se adelantó a sus amigos, que también se ofrecieron. Vanushka lo eligió para que domara con ella unas fieras salvajes que se hallaban en una enorme jaula y que habían sido traídas, según propagaba el gitano que hacía la función de jefe de pista, del corazón de la selva africana. Vanushka y el hijo del gobernador entraron en la jaula y a partir de ese momento se vivió el triunfo de la bella sobre la bestia. Entre las rejas que los separaban del público, nació un amor apasionado.

Cada noche se veía a la pareja apoyada en las ruedas de los carromatos y la gente de Quetzaltenango empezó a rumorear sobre la relación que mantenían. Ni el gobernador ni los padres de Vanushka estaban de acuerdo con el noviazgo. Ambas familias buscaban algo diferente para sus hijos. Unos eran sedentarios, los otros nómadas. En cambio, a ellos, ni las diferencias culturales ni las sociales o económicas hacían que se dejaran de amar. En los encuentros clandestinos cada noche se juraban amor eterno.

El gobernador, al percatarse de que su hijo estaba muy enamorado y no había forma de hacerle cambiar de opinión, decidió que lo mejor era mandarlo a España para que adquiriera conocimientos suficientes para dedicarse lo antes posible a la política. Lo cierto es que el motivo principal de ese viaje era alejarlo de la gitana Vanushka, pues consideraba que ejercía en él una mala influencia.

Nada más se sabe del hijo del gobernador. No hay constancia de si se quedó en España o regresó a Quetzaltenango. Se desconoce si acabó siendo político o simplemente vivió de las rentas heredadas de su padre. Desconocemos también si volvió a enamorarse de otra mujer que no fuera Vanushka. Se desconoce si se casó o permaneció soltero el resto de su vida. Se pierde la pista en ese viaje a España sin que nadie lo haya indagado y de ese modo, con tantos interrogantes sin respuestas, lo que nació siendo historia acabó convirtiéndose en leyenda. Sobre la hermosa Vanushka no tenemos informaciones más fiables que las recibidas oralmente, y por ellas conocemos que decidió envenenarse, ya que le impedían vivir con la persona a la que más amaba. ¡Grandes amores muchas veces traen grandes tragedias!

Miré el cuerpo yacente de la escultura de la hermosa gitana Vanushka. A primera vista se nota que no es del mismo bloque que la sepultura. Incluso es fácil advertir sin ser un experto en albañilería que el material de la figura es de yeso, y en según que trozos bastante rudimentario y mal trabajado. Añadidos puestos con más voluntad que conocimiento. Me paré a contemplar su rostro. Llevaba colocado en la cabeza, tapándole el pelo, un pañuelo gitano del que colgaban unas monedas de piedra que le conferían un indiscutible aire oriental.

Ese amor imposible, en que los convencionalismos habían originado un dramático final, convirtió la historia de amor de Vanushka en leyenda. Dio la casualidad de que cuando estuve en el cementerio de Quetzaltenango se celebraba el Día de San Valentín.

El 14 de febrero en la cultura cristiana se conmemora el Día de los Enamorados, el Día de San Valentín. Deje que en unas pocas líneas le cuente quién era ese personaje que ha pasado a la historia como el santo patrón de los enamorados. En el siglo III el cristianismo comenzaba a extenderse por Roma. Gobernaba en ese periodo el emperador Claudio II y promulgó una ley por la cual prohibía casarse a los jóvenes. La ley tenía por objeto que los romanos en edad casadera se alistaran en el Ejército. Al no estar de acuerdo con dicha ordenanza, un joven sacerdote llamado Valentín decidió desafiar la prohibición y empezó a celebrar matrimonios en secreto entre los jóvenes enamorados; además de evitar que fueran a la guerra, logró que muchos se acabasen convirtiendo al cristianismo. Tras ser descubierto fue arrestado y confinado en una mazmorra. El 14 de febrero del año 269 fue primero lapidado para después ser decapitado. Doscientos veinticinco años más tarde, el papa Gelasio lo santificó poniendo fecha para su devoción el día en que los romanos le dieron muerte. Existen otras historias que nos cuentan desde cuándo existe la costumbre de la celebración del Día de los Enamorados. Una de ellas atribuye su origen al poeta del siglo XIV Geoffrey Chaucer, quien en su obra *El parlamento de las aves* incluye una serie de versos de los que entresaco estos: «Porque es el Día de San Valentín cuando cada pájaro viene a escoger a su pareja».

No tiene la menor importancia cuándo empezó esa tradición que hace que cada año, el 14 de febrero, los creyentes y los enamorados lleguen al cementerio de Quetzaltenango para entregarle ofrendas y pedirle a la gitana Vanushka que los ayude a cumplir sus deseos. Con rotuladores de punta ancha escriben mensajes de deseo en la figura de yeso de la joven. Súplicas que esperan ser atendidas. Aquí van dos de esas misivas escritas en el cuerpo de Vanushka y que se me quedaron grabadas. La primera era una petición de auxilio: «Me enamoré de quien no debía, ayúdame a olvidarlo». La otra, en cambio, era de agradecimiento: «Gracias, Vanushka, por poner en mi camino al hombre de mi vida».

Aparte de esos mensajes hay dibujados en la figura de Vanushka corazones asaetados con iniciales en su interior. Se puede ver también marcado en sus blancas mejillas el rojo carmín de unos labios que la han besado.

Saqué un bolígrafo del bolsillo interior de la chaqueta y me dispuse a rotular en uno de los brazos de Vanushka. No tuve que hacer mucho esfuerzo para saber lo que debía escribir: «¡Vanushka, ella está contigo, dile que la quiero!».

En el instante en que terminé de escribir la frase me sobresaltó el ruido de un crujir de ramas a mi espalda. Lo que, a continuación, contemplé me sorprendió por lo inesperado. De uno de los árboles del cementerio salió volando un quetzal. Una explosión de colores se dibujó en el diáfano azul del cielo. Tuve el pálpito de que esa radiante ave llevaba a mi esposa el mensaje que había escrito en el brazo de Vanushka.

Había terminado mi visita, pero no quise irme del cementerio de Quetzaltenango sin dedicar a Vanushka una frase que Cervantes escribió en su novela ejemplar *La gitanilla*: «Resultó la mejor bailaora gitana, y la más hermosa y discreta. El sol y el frío nunca estropearon ni su bello rostro ni sus manos».

26. Jardín de Paz (Panamá)

Mil kilómetros separan Quito de la ciudad de Panamá. Mil kilómetros es la distancia que hay entre una ciudad de marcada estética colonial, de calles tranquilas y una metrópoli orgullosa de los rascacielos que contemplan desde lo alto avenidas en las que el ajetreo es continuo y en las que se acaba confundiendo el día con la noche. Hay otros mundos, pero están en este, escribía Paul Éluard.

Entre el bullicio de este paraíso fiscal que emana la ciudad de Panamá hay un remanso de paz, de ahí el nombre con el que lo han bautizado, el Jardín de Paz. No es un parque en que los domingos se vaya a realizar deporte. No es un lugar con columpios y toboganes para que se diviertan los niños. El Jardín de Paz es un cementerio que se construyó bajo el revolucionario concepto de que debía unirse la idea de un jardín sagrado con un espacio moderno y funcional.

Si cuando se está en el interior del Jardín de Paz le dicen que aquello es un campo de golf de dieciocho hoyos, no llegará a imaginar que le están mintiendo. Si le dicen que está en los terrenos de la mansión de un cotizado actor o de un magnate del petróleo, no lo pondrá en duda. Si le dicen que está en un cementerio, pondrá cara de asombro convencido de que le están gastando una broma. Ese verde que se muestra por todos los lados, en el césped bien cortado o en el ramaje de los árboles, le habrán engañado como me había engañado a mí en el primer momento en que tomé la ruta que debía conducirme a la tumba que tenía la intención de ver.

Roberto Arias estaba destinado a ocupar los más altos cargos en el Gobierno panameño. Venía de una familia dedicada en exclusiva y durante generaciones a las más altas estancias políticas de Panamá. Miembros de su estirpe habían alcanzado la presidencia del país en cuatro ocasiones; entre ellos, figuraba su padre, Harmodio Arias.

Estudió en Cambridge y se graduó en Derecho por la Universidad de Panamá. Desde muy joven ya llevaba las riendas editoriales del diario familiar *Panamá América*, para luego entrar a formar parte del cuerpo diplomático panameño y ejercer funciones de embajador en Chile y, a continuación, desempeñar el cargo de delegado ante la Asamblea General de las Naciones Unidas a finales de los años cuarenta del pasado siglo. Una carrera meteórica que auguraba que llegaría a lo más alto.

Resaltaba en Roberto Arias su personalidad, su inteligencia y su saber comportarse en sociedad. Físicamente, no se puede decir que fuera guapo, dato que puede ser cotejado con las fotos en que aparece, pero poseía la cualidad de los grandes seductores, convertía en únicas a las mujeres que lo acompañaban.

La otra parte de la historia corresponde a la inglesa Margot Fonteyn. Si tiene alguna noción sobre *ballet*, sabrá que fue una de las más importantes bailarinas que han existido. Había nacido predestinada para el baile y con 14 años ingresó en el prestigioso Ballet del Teatro Sadler's Wells en Londres. Desde muy temprano, sus movimientos gráciles y su elegancia la hicieron sobresalir del resto de las compañeras lo que hacía presagiar un futuro prometedor.

En 1949, con 30 años, desembarcó en Nueva York para presentar *La bella durmiente* de Chaikovski en el Metropolitan Opera House. Fue un acontecimiento que la prensa resaltó en grandes titulares. Ese día, al terminar su actuación, recibió en su camerino un enorme ramo de flores. En la tarjeta que lo acompañaba ponía: «Roberto Arias, delegado de Panamá en las Naciones Unidas».

159

Margot mantenía por entonces una relación con el compositor y director de orquesta Constant Lambert. Habían formalizado un compromiso de matrimonio. Los ramos de flores que enviaba Roberto Arias fueron el desencadenante de la ruptura de ese acuerdo. La perseverancia había conseguido sus frutos y la bailarina no había podido resistirse y sucumbió ante el diplomático. Se casaron el 6 de febrero de 1955 en la embajada de Panamá en París.

Tras la luna de miel, Roberto Arias recibió el nombramiento de embajador ante el Reino Unido. El carisma del diplomático era tan enorme que nadie se resistía a su encanto, y sus amistades se contaban entre lo más distinguido del mundo del espectáculo, la economía o la política. John Wayne ejerció de padrino de su hijo; se paseaba por la proa del yate Christina haciendo compañía a Aristóteles Onassis con la misma naturalidad que lo hacía por los pasillos de su residencia; Winston Churchill pintaba acuarelas que le mandaba cada año para desearle Feliz Navidad; y con Robert Kennedy tuvo una amistosa reunión dos semanas antes de que fuera asesinado en el hotel Ambassador de Los Ángeles.

Margot y Roberto vivieron años de amor intenso. Las revistas, en especial las de la prensa del corazón, se encargaban de magnificarlo y lo destacaban en letras de molde en primera página. Se fotografiaban con Marilyn Monroe y los más populares actores de Hollywood deseaban ser inmortalizados en su compañía. Cada día que pasaba, Margot era más famosa. Los fotógrafos la amaban y la mostraban en sus semanarios llegando a ser portada de la prestigiosa revista *Life*. Roberto Arias no se quedaba atrás, y su interés se volcaba en prepararse para dejar a un lado la diplomacia y entrar de pleno en la política. Si en su familia habían ocupado el palacio de las Garzas, que así es denominado el palacio presidencial de Panamá, ¿por qué él iba a ser menos? Ese fue el motivo para fijar la residencia en su país de nacimiento, con la intención de tomar el pulso a la población y mover los hilos desde primera fila.

Seguía caminando rodeado de hierba recién cortada. Nunca he conseguido habituarme a este tipo de cementerios asépticos como es el Jardín de Paz de Panamá. De vez en cuando, una lápida; al fondo, un panteón; y allá, a lo lejos, una capilla. Si no fuera porque quería encontrarme con Margot y Roberto, ya me habría dado la vuelta y retirado al hotel. Me sobraba campo y me faltaban motivos funerarios.

En 1959 varios políticos panameños hicieron una visita relámpago a Cuba para entrevistarse en secreto con Fidel Castro, con el propósito de organizar una revolución en el interior de Panamá. Entre los componentes de ese comité se encontraba Roberto Arias, a quien acompañaba Margot Fonteyn. Después de muchos pros y contras, Fidel Castro llegó a un acuerdo con los conspiradores y se comprometió a facilitarles armas y hombres para llevar a cabo el deseado cambio de poder.

El fracaso de la revolución ocasionó que Margot fuera deportada a Inglaterra y Roberto Arias se viera en la necesidad de refugiarse por dos meses en la embajada de Brasil, hasta conseguir un salvoconducto para abandonar el país. Finalmente, los cargos fueron retirados y después del cambio de Gobierno, se permitió a la pareja regresar a Panamá.

Margot y Roberto vivían largas temporadas alejados debido a los compromisos políticos por parte de uno y artísticos por la otra parte. A pesar de esas separaciones, la relación no se resentía, quizá porque no llegaban a los oídos de Margot los escarceos que a sus espaldas Roberto tenía con otras mujeres.

En lo profesional, la bailarina estaba en la cúspide de su carrera. Su nuevo compañero de *ballet* era el joven bailarín soviético Rudolf Nuréyev. Antes de conocerlo ella tenía la intención de retirarse, pero el arte y la genialidad de Nuréyev la motivaron a querer continuar en el escenario. Nunca había visto sobre el escenario a nadie con la clase y el estilo del bailarín ruso. Formaron la pareja más grande del mundo del *ballet* que hasta la fecha ha existido. Su compenetración era tan perfecta que convertían en fácil lo más difícil. «No podría imaginar mi carrera sin ella», señaló Rudolf Nuréyev en diversas ocasiones refiriéndose a Margot Fonteyn, y ella llegó a decir de él: «No era simplemente un bailarín, sino la danza misma».

En 1964, Roberto Arias fue elegido miembro de la Asamblea Nacional, su carrera hacia la presidencia de Panamá estaba encarrilada. Qué poco faltaba para alcanzar el sueño que desde hacía muchos años había ambicionado. Todo parecía indicar que sería el nuevo presidente de la República de Panamá. Dos meses más tarde

161

del nombramiento como asambleísta, recibió un disparo en una discusión con un amigo y antiguo compañero político. Se rumoreó, con bastantes visos de certeza, que el disparo fue resultado de los amores que mantenía con la esposa de su antiguo compañero. Durante dieciocho meses, Arias fue tratado en hospitales británicos. Quedó tetrapléjico, confinado en una silla de ruedas el resto de su vida. Su carrera política quedó truncada. Esa fue una de las razones que impidieron que Margot Fonteyn pudiera retirarse de la danza, poder hacer frente a las enormes cuentas médicas de los tratamientos. Margot tenía 67 años, y debía seguir bailando para mantener los cuidados de su marido.

La pasión de Roberto hacia las mujeres no disminuyó ni postrado en la silla de ruedas, y encontró una amante fiel en Anabella Vallarino, quien se trasladaba a su residencia para estar juntos cada vez que Margot se encontraba de viaje. Cuando Arias falleció en 1989, Anabella se suicidó al día siguiente.

Margot Fonteyn murió dos años más tarde que Roberto Arias, a los 71 años a causa de un cáncer de ovario. Meses antes de su muerte se convirtió al catolicismo para poder ser enterrada en la misma tumba en la que se encontraba su marido.

Los cuerpos de ambos descansan en uno de los nichos del panteón familiar de la familia Arias, en el Jardín de Paz de Panamá. Dicha sepultura no tiene nada reseñable en lo que pueda parar a contarle. De no ser por la admiración que siento por la ilustre bailarina hubiera sido un viaje baldío.

Me despedí de Margot Fonteyn repitiendo una frase que dejó escrita en su autobiografía: «Si algo he aprendido, es que la vida no sigue patrones lógicos. Es aleatoria y llena de bellezas que intento atrapar al pasar, pues ¿quién sabe si alguna regresará?».

27. Cementerio de Colón (La Habana, Cuba)

Del cementerio de Colón en La Habana ya le hablé hace años. Fue entonces cuando resalté su tamaño y destaqué su belleza. Incluso creo que añadí que, para mi gusto, ocupaba una de las posiciones más altas en la categoría de los más bellos del continente americano.

Peregrinaba por su interior con la despreocupación propia de quien va a un destino por una senda que conoce de memoria y cree que nada puede sorprenderlo. Al hallarme a la mitad del camino del punto al que me dirigía, me di de bruces con una tumba en la que se veían dos bustos, uno de hombre y otro de mujer, y debajo de ellos, en el bloque sobre el que se exponen, podía leerse: «Unidos por el amor eterno».

Al no saber de quién se trataba y desconocer ese amor eterno que indicaba la tumba, aproveché que se acercaba una mujer de edad indefinida con un cubo y una bayeta. Cuando estuvo a mi lado, le pregunté si sabía quiénes eran las personas de los dos bustos. La mujer no se paró a pensarlo, y rápido contestó que las personas representadas eran Margarita y Modesto. Lo dijo de un modo tan natural que llegué a pensar que le debía de unir un cercano grado de parentesco con alguno de ellos.

El dato de que se llamaban Margarita y Modesto no me aclaró nada, pues esa información estaba visible en la lápida que había colocada y que indicaba que allí se encontraban enterrados Margarita Pacheco y Modesto Canto.

A continuación, con esa cadencia cariñosa con la que habitualmente hablan los habitantes de la isla, me explicó que el tal Modesto era profesor y ella su alumna; para más adelante continuar explicándome que la diferencia de edad entre ambos era de treinta años. Por inercia, volví a mirar hacia la lápida y esa información también podía deducirse por lo grabado. Él había nacido en 1890 y ella en 1920, indicaba con claridad la lápida. Al notar la mujer que me interesaban esas dos personas dejó el balde en el suelo, se introdujo la bayeta en el bolsillo de la bata y pasó a explicarme que mucha gente criticó la relación al estar convencidos que la joven iba a quedar viuda muy pronto.

La mujer hablaba con parsimonia, consciente de que me estaba interesando lo que me contaba. Sin darme un segundo para fijarme en las fechas de los fallecimientos, me informó de que ella murió la primera de los dos, a los 39 años, y la enterraron en una sencilla sepultura en una zona humilde del cementerio, y Modesto se dispuso a conseguir para su esposa una sepultura que estuviera a la altura de lo que su amor merecía. Sin más recursos que su salario de profesor

163

—era modesto de nombre y condición—, reunió centavo a centavo para comprar una parcela en el lugar donde nos encontrábamos. Modesto Canto aún tuvo que esperar dieciocho años para reunirse y poder compartir la sepultura. Le di las gracias por haberme contado la historia de estos enamorados.

Ese agradecimiento no consiguió que se separara de mi lado, porque siguió allí plantada de pie, sin intención de levantar el balde del suelo y continuar su marcha. De improviso señaló un estrecho banco de mármol que se hallaba junto a la tumba y contó que allí se sentaba el afligido viudo a tocar el violín para que la muertecita —dijo «muertecita»— lo escuchara. Entonces, cuando creyó que ya me había ilustrado lo necesario y no tenía nada más que contarme de la historia, levantó el cubo del suelo, sacó la bayeta del bolsillo y se despidió.

Miré por última vez la tumba y el banco de mármol para después seguir mi camino hacia otro capítulo romántico del cementerio de Colón: el romance entre Juan Pedro Baró y Catalina Lasa.

Catalina Lasa estaba considerada como una de las mujeres más bellas de La Habana, tenía ojos azules y piel nacarada. Pertenecía a la alta sociedad habanera y se había casado con el hijo del vicepresidente de la República.

En una recepción ofrecida por su marido conoció a Juan Pedro Baró, un rico empresario que se dedicaba al negocio del azúcar. De inmediato, la atracción nació entre los dos. No pudieron resistirse a sus impulsos e iniciaron una relación clandestina que alcanzaba el momento supremo en la *suite* del céntrico hotel Inglaterra. De ese selecto establecimiento acabaron convirtiéndose en huéspedes asiduos. El hotel Inglaterra era su nido de amor.

Pasados unos meses del inicio de su relación con Juan Pedro, Catalina pidió la separación a su marido, quien se negó a concedérsela. No existía el divorcio en Cuba y esas relaciones extramatrimoniales eran consideradas delito. Sin importar a Catalina los comentarios que pudieran levantarse a su espalda, se fue a vivir con la persona con quien quería pasar el resto de su vida. Nada podía frenar la pasión amorosa que bullía en sus entrañas.

La mojigata burguesía de La Habana no veía con buenos ojos ese vínculo adúltero, lo que provocó un gran escándalo. La alta sociedad tomó partido por el marido y dio la espalda a los amantes.

En un acto despreciable, el marido denunció a Catalina y el juez dictó orden de búsqueda y captura de la pareja. Los enamorados se vieron en la necesidad de huir de Cuba. Lo hicieron por separado y ocultándose para no ser reconocidos y evitar de esa forma el ser detenidos bajo la acusación de adulterio, lo que significaba pasar bastantes años en prisión. El punto de reunión de esa fuga fue París, donde fijaron su residencia.

En 1917, al no presentárseles mejor solución decidieron tomar una drástica medida para solucionar su problema. Juan Pedro Baró mueve sus influencias y utiliza su fortuna para ser recibido en audiencia privada por el papa Benedicto XV en Roma. Su santidad después de escucharle y pensárselo durante unos instantes, accedió a la demanda, anulando, con su puño y letra, el matrimonio. De vuelta a París se casaron por la Iglesia.

Paradojas del destino, al año siguiente se aprobaba en Cuba la ley de divorcio. Catalina Lasa y Juan Pedro Baró fueron los primeros que se beneficiaron de esa medida en la isla.

Continuando mi rumbo, me llamó la atención una enorme ficha de ajedrez, un rey para ser exacto, que se halla sobre una tumba. Adiviné sin esfuerzo que quien se encontraba enterrado bajo ella no era otro que José Raúl Capablanca, quien durante más de seis años fue campeón del mundo. Después de contemplarla unos segundos continué mi camino.

A su regreso a La Habana, Juan Pedro Baró decidió gastar parte de su fortuna en construir un palacete en el mejor emplazamiento de la ciudad, en el selecto barrio del Vedado. Resultaron ser tan faraónicas las obras, que se tardó en construir casi diez años. Para dar refinamiento a la mansión contrató al joyero barcelonés Bagués y en París se puso en contacto con el maestro vidriero René Lalique para que diseñase los detalles ornamentales que servirían de decoración a la estancia. No reparó en gastar dinero para que todos los detalles resultaran de una distinción única. Colocó mármol rojo veteado en los suelos, las puertas eran de caoba maciza, la escalera llevaba pasamanos de plata.

La inauguración de la fastuosa mansión se produjo en 1926. Ese día, el acceso a la residencia estaba cubierto por tulipanes recién importados de Holanda. Entre los invitados se podía ver al presi-

dente de la República y a los más importantes personajes de la sociedad habanera. Las invitaciones estaban acompañadas con pinturas
de reconocidos artistas cubanos y los más íntimos recibían regalos
de joyas diseñadas por el propio Lalique, forjadas exclusivamente
para el evento. Quienes en su momento los habían criticado a sus
espaldas ahora asistían a la inauguración, les estrechan las manos y
los agasajan con sus palabras. La falsedad y la mentira inundaban la
ceremonia.

El momento más emotivo de la fiesta fue cuando Juan Pedro regaló a Catalina Lasa una rosa que había encargado crear especialmente para ella, cruzando una variedad húngara con otra cubana,
concibiendo de esa manera una rosa amarilla en dos tonos, de péta-
los anchos y puntiagudos, a la que puso el nombre de su amada: la
rosa Catalina Lasa. Hoy en día, esa especie de rosa es la que más
utilizan las novias cubanas cuando contraen matrimonio.

La felicidad, cuando llega, no hay nudo que pueda atarla. Catalina apenas disfrutó de la lujosa mansión en los tres años que estu-
vieron casados. Enfermó y su esposo la llevó a París para intentar
que la curaran. No hubo milagro, Catalina falleció en 1930, a los 55
años.

Había llegado al lugar que tenía en mente al entrar en el cementerio. La edificación sobresale entre las demás tumbas y panteones.
Es una construcción extraña, difícil de explicar para que usted pueda imaginarla. Tiene la particularidad de ser sencilla y monumental
a la vez. Para que se haga una idea, es una media esfera sujetada por
altas columnas, todo en mármol traído de Italia que logra un blanco
cegador. Al mirarla con más atención, por su forma me hizo pensar
en una de esas casas de hielo que construyen los esquimales. Su estilo, sin miedo a equivocarme, lo enclavaría en la corriente del *art
decó*. La construcción se dice que costó un millón de pesos oro, toda
una fortuna.

Catalina había muerto en París y Juan Pedro Baró ordenó que la
embalsamaran y trasladaran su cuerpo a La Habana, donde tenía la
intención de enterrarla.

Cuando el cuerpo descansó en Cuba, el desconsolado viudo
mandó rodear el féretro de orquídeas y azaleas que se debían de
cambiar cada día para siempre mantenerse frescas. Baró, de nuevo,

recurrió a René Lalique para que añadiera los detalles más exquisitos al panteón donde descansaba Catalina.

Crucé la doble puerta de cristal negro por la que se accede a la cámara mortuoria donde reposa Catalina Lasa acompañada de todas sus joyas. Para imposibilitar su profanación y que se saquee, el sarcófago se halla bajo toneladas de cemento. Si se mira hacia el techo, puede distinguirse la cúpula adornada con piezas de cristal de Murano en forma de rosas, talladas una vez más por Lalique.

Durante siete años, hasta su propia muerte, Juan Pedro visitó cada mañana el sepulcro de Catalina. Lo hacía cuando, a través de uno de los vitrales, el sol le iluminaba la cara con la rosa que había sido creada pensando que la felicidad no es efímera. Juan Pedro sobrevivió a Catalina diez años y lo enterraron junto a ella.

Contemplando el maravilloso mausoleo, me dirigí a la salida del cementerio de Colón recitando entre dientes unas estrofas de la «Oda a la inmortalidad» de William Wordsworth:

> Aunque nada pueda hacer
> volver la hora del esplendor en la hierba,
> de la gloria en las flores,
> no debemos afligirnos,
> porque la belleza subsiste siempre en el recuerdo.

28. Cementerio General de Mérida (México)

Felipe Carrillo Puerto fue uno de los personajes más importantes de México. Combatió en las filas de Emiliano Zapata en la Revolución mexicana y al regresar a su hogar en el estado de Yucatán desarrolló una intensa vida política. Tradujo la Constitución al maya de manera oral para que así los pueblos indígenas conocieran sus derechos y pudieran defenderlos. Promulgó leyes sociales destacando de entre todas ellas la instauración de las bodas y los bautizos comunitarios. Además, fundó la Universidad Autónoma de Yucatán. Tuvo un intenso romance con la periodista estadounidense Alma Reed. Esa larga sucesión de párrafos sobre Felipe Carrillo Puerto me los contó un buen amigo en la cena del día anterior en un restaurante de la Plaza Grande, que todos los meridanos conocen como el Zócalo, de la ciudad de Mérida, picoteando escamoles y chapulines mientras nuestra conversación circulaba con naturalidad de lo divino a lo humano.

A ese querido amigo con quien charlaba distendidamente lo conocía desde hacía muchos años. Habíamos coincidido cuando una multinacional del sector químico lo destinó durante ocho años en España. Su esposa y la mía se hicieron excelentes amigas y eso arrastró a que nosotros también nos convirtiéramos por inercia en excelentes amigos. Cuando terminó su estancia en España, regresó a su México natal. La distancia no rompió nuestro contacto y mantuvimos una amistad epistolar bastante intensa. De todas las cartas que nos mandamos, dos de ellas ojalá no las hubiéramos tenido que escribir. Con un margen de tres años nos notificamos la misma noticia con nombres diferentes, la muerte de nuestras esposas. Desde la distancia lloré por su esposa y estoy seguro de que él hizo lo mismo por la mía.

Recordando las palabras de mi amigo en la cena sobre la figura de Felipe Carrillo Puerto y en especial de la historia de amor que había vivido, me puse por obligación a la mañana siguiente cruzar la ciudad con destino al cementerio, dispuesto a encontrar el lugar dónde se hallaba enterrado en el Cementerio General de la ciudad de Mérida.

Al llegar a la entrada del camposanto, tuve que atravesar un arco de estilo neomaya que servía de portal y ya dentro seguí por una amplia calle a la que dan en llamar la avenida de los Mausoleos.

En 1923, Felipe Carrillo Puerto, desempeñando el cargo de gobernador conoció a la periodista estadounidense Alma Reed, que se hallaba cubriendo para *The New York Times*, del que era corresponsal, uno de los más importantes eventos que se habían realizado hasta esa fecha en México: la restauración de las zonas arqueológicas de la región maya.

Alma Reed tenía entonces 34 años. Era una ferviente defensora de los derechos humanos y tenía por delante un futuro brillante. Ese es, deshuesado, el retrato de la protagonista.

Cuando llegó a México, traía a sus espaldas una dilatada carrera de periodista. Su amor por el país había nacido diez años antes por un trabajo social que había desarrollado investigando el caso de Simón Ruiz, un menor de edad de nacionalidad mexicana que se encontraba encarcelado bajo la acusación de homicidio en Estados Unidos. Simón no hablaba inglés y no dispuso de una defensa legal, lo que desencadenó que lo condenaran a muerte. Los esfuerzos de Alma Reed lograron que el castigo para el chiquillo cambiara de la horca a cadena perpetua. A partir de entonces, se promulgó una ley en el estado de California que prohibió la pena de muerte para los menores de edad.

La noticia de la hazaña realizada por la periodista llegó a oídos del entonces presidente de México, Álvaro Obregón, quien la invitó a visitar el país como muestra de agradecimiento. Alma Reed conoció al muralista mexicano José Clemente Orozco, y surgió entre ellos una fuerte amistad que fue crucial para el reconocimiento de la obra de este en Estados Unidos. Alma se convirtió en una entusiasta defensora del arte mexicano y escribió en el periódico *Excélsior*: «México debería ser la meca de los artistas del mundo. Aquí, cada objeto y cada escena es razón suficiente para el arte y la belleza».

Desplazándome por el cementerio no dejé de fijarme en el estado de abandono que al menos en esas fechas —con fecha de hoy lo desconozco— me rodeaba, sobre todo en según qué zonas alejadas unos metros de las dos avenidas principales, la de los Mausoleos, ya nombrada, y la de los Sindicatos. Lápidas desconchadas, pórticos agrietados, nichos medio derruidos, losas huérfanas de flores. Un deterioro impropio para el cementerio de una ciudad de la belleza de Mérida.

Alma Reed y Felipe Carrillo se conocieron el Día de San Valentín de 1923, durante una recepción organizada en honor a los especialistas de la cultura yucateca, en la que Alma era la encargada de cubrir la noticia para *The New York Times*. Aquí vuelve a ocurrir lo mismo que hemos visto en la mayoría de las historias de amor que han precedido y que auguro que se sucederán hasta que suenen las trompetas del juicio final. En ese primer encuentro, ambos se enamoraron ciegamente. No ocultaron ese amor y pasaron a convertirse en una pareja feliz que no podía vivir separada.

Una tarde de verano de 1923, Felipe Carrillo Puerto encargó al renombrado poeta Luis Rosado Vega que compusiera unos versos

169

que sirvieran para crear una canción para su amada, y de ese modo vio la luz la popular composición «Peregrina» a la que puso música Ricardo Palmerín Pavía. Esa canción es parte y obra fundamental en el folclore mexicano.

En el caminar hacia mi destino descubrí el lugar donde están enterrados Luis Rosado y Rafael Palmerín, letrista y compositor de la canción. Es un precioso rincón del cementerio. Ese espacio podría ser descrito como una especie de plaza donde se puede ver, en claro estilo maya, a una mujer esgrafiada en un mural rasgueando una guitarra, me aventuro a imaginar que queriendo sacar los últimos acordes de la canción «Peregrina»:

Cuando dejes mis palmarés y mi tierra,
peregrina de semblante encantador
no te olvides, no te olvides de mi tierra.
No te olvides, no te olvides de mi amor.

El amor entre Alma Reed y Felipe Carrillo Puerto ardió de tal manera que se comprometieron al poco de conocerse y decidieron casarse en San Francisco lo antes posible.

Era una mañana de enero de 1924, Alma Reed se preparaba para el día más feliz de su vida, que debía ocurrir pasadas unas pocas semanas. Una modista comprobaba la largura del traje de novia y otra lo entallaba con alfileres a su cintura. En ese trance estaba cuando precipitadamente entró alguien para anunciarle la más trágica noticia que podía recibir. Habían fusilado a su prometido como consecuencia del levantamiento realizado por Adolfo de la Huerta, expresidente interino de México. El delito de Felipe Carrillo no era otro que el de apoyar a Álvaro Obregón en contra de su rival político, que era Adolfo de la Huerta.

Con esa parte de la historia produciéndome tristeza llegué a la Rotonda de los Hombres Ilustres. En ese panteón están las personas fusiladas el 3 de enero de 1924 que acompañaron a Felipe Carrillo. El paredón donde fueron ejecutados se puede contemplar junto a los enterrados.

Tras la muerte de Felipe, Alma, destrozada, partió hacia África para escribir sobre unas excavaciones que se estaban llevando a cabo en ese continente y de esa forma alejarse de los lugares en que la pareja había pasado tiempos tan felices.

Alma Reed deambuló por el mundo sin rumbo, emulando en cierta manera la letra de la canción «Peregrina»:

> No te olvides, no te olvides de mi tierra.
> No te olvides, no te olvides de mi amor.

Era imposible que Alma olvidara México y olvidara a Felipe.

En 1928, cansada de ir de un lado para otro, se trasladó a Nueva York dispuesta a dejar atrás su vida nómada. Fueron pasando las hojas del calendario y al cumplir los 63 años no resistió más la nostalgia y decidió que donde debía estar su vida era en México. En ese país le llegó la hora final catorce años después, con 67 años, el 20 de noviembre de 1966.

Atendiendo a una de sus peticiones, sus cenizas fueron llevadas a la ciudad de Mérida. Y allí estaba yo delante del cinerario construido en estilo neomaya, a la manera de cilindro rectangular, donde fueron colocadas. Enfrente se puede ver el mausoleo de los Hombres Ilustres donde se halla enterrado Felipe Carrillo Puerto.

Me puse en medio de los dos y no pude resistir la tentación de cantar, más mal que bien, la primera estrofa de «Peregrina»:

> Peregrina
> de ojos claros y divinos
> y mejillas
> encendidas de arrebol.

Después de visitar el Cementerio General de Mérida, antes de cenar, mi amigo y yo nos tomamos un par de vasos de pulque en una taberna y sin venir a cuento pronunció una frase de Octavio Paz que resumía en quince palabras el sentir mexicano hacia la muerte: «La indiferencia del mexicano ante la muerte se nutre de su indiferencia ante la vida».

Sugerencias

Película: el filme que he seleccionado es una grabación que el director alemán Truck Brands realizó en 1966 del *ballet El lago de los cisnes* de Chaikovski. Ciento doce minutos para disfrutar del arte que transmiten con sus impecables movimientos Margot Fonteyn y Rudolf Nuréyev. La perfecta sincronía entre los dos bailarines es pura magia.

Pintura: le propongo que pierda unos minutos en contemplar cualquiera de los murales que realizó en vida José Clemente Orozco. El que más me impresiona es el que lleva por título *Dioses del mundo moderno.* Este panel es uno de los veinticuatro que pintó para el Dartmouth College de Hanover, en New Hampshire. Este mural es una crítica descarnada a la hipocresía de las instituciones académicas. Orozco retrata esqueletos vestidos con birretes y túnicas. Ante ellos se muestra un esqueleto en posición de dar a luz a un pequeño esqueleto, que sin grandes esfuerzos se identifica con el nacimiento del conocimiento y la ciencia inútil.

Libro: es necesario y, me atrevo a decir más, obligatorio que lea el libro que escribió Alma Reed con el título de *Peregrina*, para de esa manera conocer de primera mano a esta mujer desgraciadamente, como muchas más, bastante olvidada. En agosto de 2001 se descubrió, en un apartamento abandonado de la Ciudad de México, el manuscrito de esta autobiografía desaparecida desde el fallecimiento de la periodista en 1966.

Canción: he elegido para que la escuche una canción que ya habrá oído cientos de veces y de la que a buen seguro conocerá alguna estrofa, «Historia de un amor». Aparentemente, al escucharla da la sensación de que estamos asistiendo a un desgarrador canto de una persona despechada que relata una decepción amorosa. En realidad, esa canción es un tipo de epitafio o recuerdo de una mujer cuya muerte dejó un profundo vacío. Carlos Eleta Almarán la escribió y grabó en 1955 para consuelo de su hermano, Fernando, tras el fallecimiento de su cuñada. Mercedes era el nombre de la esposa de Fernando. La mujer quedó embarazada cuando fue diagnosticada con polio. Días antes de dar a luz pidió a Carlos cuidar y proteger a Fernando. Al perder su cuñada la vida, Carlos cumplió su promesa componiendo uno de los más bellos boleros de amor: «Ya no estás más a mi lado, corazón. En el alma solo tengo soledad, y si ya no puedo verte, por qué Dios me hizo quererte para hacerme sufrir más».

Arte funerario: habiendo recorrido Latinoamérica sería injusto que no nos acerquemos a la catedral de Sevilla para ver el magnífico sepulcro dedicado a Cristóbal Colón. Su tumba es sostenida por cuatro figuras humanas portando a hombros el féretro del navegante cubierto por una manta. Esas figuras representan los cuatro reinos de España que existieron durante la vida de Colón: Castilla, León, Aragón y Navarra.

Cristóbal Colón fue viajero en vida y continuó siéndolo tras su muerte, víctima de un paro cardiaco en 1506 en Valladolid. Sus restos fueron enterrados en el convento de San Francisco de la capital vallisoletana. Tres años más tarde, su hijo Diego pidió el traslado de los restos de su padre a la cartuja de Sevilla. Más tarde, María de Toledo, viuda de Diego, quedó encargada de los trámites relacionados con su testamento. En él se disponía que sus restos, junto con los de su padre, fuesen trasladados de Sevilla a Santo Domingo, en la República Dominicana. En la isla del Caribe descansaron dos siglos, hasta que en 1795 fueron trasladados a La Habana, tras la conquista de Francia de Santo Domingo. Posteriormente, en 1898, después de la guerra de Independencia cubana, el cuerpo viajó a Cádiz y luego hasta Sevilla, donde al final encontró descanso de tanto viaje. La curiosidad me llevó a realizar mediante sumas el cálculo de los kilómetros recorridos por el cadáver de Colón y acabaron resultando alrededor de dieciséis mil.

8

POR LAS CARRETERAS DE ESTADOS UNIDOS

Me hubiera gustado contarle este capítulo a modo de un itinerario lineal a través de Estados Unidos. Mi idea primeriza era la de empezar partiendo de una ciudad para llegar a otra, deteniéndome en puntos intermedios, imitando en cierta manera una Ruta 66 de cementerios que comenzara en Chicago y tuviera por punto final el muelle de Santa Mónica. El planteamiento, desgraciadamente, nació muerto porque nunca he estado en ningún cementerio de Chicago. Así pues, me dispuse a escribir lo que buenamente fuera recordando de mis estancias en los cementerios de ese país, sin que muchas veces un punto tuviera relación con el siguiente y solamente contaran con un nexo en común que fuera el amor y la muerte.

29. Woodlawn (Santa Mónica, California)

Las paredes del comedor del hotel estaban forradas de terciopelo azul y en ellas se hallaban colocadas una serie de fotografías enmarcadas con una madera barata de color rojo excesivamente chillón. Todos los marcos contenían fotos en blanco y negro de actores y actrices famosas. El decorado era mejorable, aun así no pude evitar mirar con curiosidad los retratos y me dispuse a jugar mentalmente a intentar descubrir qué porcentaje de esos actores conocía mientras no dejaba de desayunar un par de esponjosos dónuts y un café largo aguado falto de aroma y sabor.

En el juego mental de adivinar, saqué buena nota porque solo había uno de los doce o trece que no conseguía reconocer. No me di por vencido y volví a mirarlo de nuevo, esta vez más detenidamente, e incluso me levanté de la mesa para acercarme a verlo más nítidamente y con la esperanza de conseguir pleno. Esa foto había tocado mi vanidad y me fastidiaba que yo, que siempre me las he dado de cinéfilo empedernido, no pudiera desenmascarar a la persona fotografiada. ¡Debía de ser alguien muy famoso al estar colocado entre Humphrey Bogart y Clark Gable! Se daba un aire a Randolph Scott, sin embargo, había una serie de detalles que lo hacían diferente. Su cara era más redonda. Después de un nuevo intento, me di por vencido. Derrotado y con la necesidad de no quedarme con la duda pregunté, con más señas que palabras, a uno de los camareros que de vez en cuando se acercaban a retirar los platos vacíos y a servir más tazas de café aguado. No se demoró en la contestación y eso me hizo suponer que no era el primero que no lo reconocía. Con una pose ligeramente teatral me dijo que no era otro que el gran William Haines. Le hice repetir el nombre porque no me sonaba de nada y pensé que si lo pronunciaba más lento, lo entendería con más facilidad. De nuevo dijo William Haines. Le di las gracias por cortesía y seguí sin tener puñetera idea de quién era el extraño que desde la pared me miraba, quizá reprochándome el no reconocerlo.

¡William Haines! ¿Quién demonios había oído hablar de William Haines? ¡William Haines! ¿Quién conocía a William Haines?

El camarero, al notar en mi rostro la extrañeza, me consoló al decirme que a Haines poca gente lo recuerda fuera de Estados Unidos a lo que añadió, hablando despacio para que lo entendiera, que fue una gran estrella del cine mudo. William Haines, continuó explicándome, era uno de los reclamos de taquilla más importantes de los años veinte y comienzos de los treinta del pasado siglo.

Por lo que el camarero me comentó, a continuación, me enteré de que fue uno de los afortunados artistas que, tras haber triunfado en el cine mudo, tuvo una transición fácil hacia el sonoro en esos duros años en que la mayoría de los actores se perdieron en el camino, sin encontrar su lugar cuando las voces comenzaron a llenar las salas y el cine mudo dejaba de ser demandado.

William Haines era una de las estrellas que más dinero recaudaban para las arcas de la industria. Estaba tocado por una varita mágica que lo convertía en una estrella que brillaba en aquel universo de cartón piedra. El público lo adoraba, sus películas se contaban por éxitos de taquilla. En un momento, sin saber por qué, el camarero me dijo que estaba enterrado muy cerca del hotel, en el cementerio de la ciudad. Ya no hablamos más y se encaminó hacia un matrimonio a servirle unos generosos trozos de pastel de manzana y una taza de café.

Esa mañana tenía la intención de tomar un taxi que en diez minutos me dejara paseando por la cercana Venice Beach, pero como a veces ocurre, me entró una pereza terrible y desistí de mi primera idea y, buscando cómo llenar la mañana, recordé que el cementerio, como me había dicho el camarero, estaba muy cerca del hotel. Un cementerio la mayoría de las veces es una buena opción cuando no se tiene otra cosa mejor a mano, pues sin esfuerzo se puede unir cultura con arte.

Fui al cementerio Woodlawn de Santa Mónica sin excesiva certidumbre de encontrarme con algo que pudiera interesarme. Los cementerios de Estados Unidos, y en especial los de Los Ángeles y sus alrededores, siempre acaban defraudándome. Uno se acerca a ellos cargado de grandes esperanzas y regresa al punto de partida abrazando un nuevo fracaso.

El cementerio data de mediados del siglo XIX. Es un lugar tranquilo y relajante con un toque de mansión colonial o campus universitario para los retoños de familias de posibles. Nada me despertaba el placer de pararme a contemplarlo. Estaba a punto de dar por terminada mi visita e irme a pasar la mañana en la piscina del hotel, cuando vi a un hombre mayor. Si le llamo mayor es porque era de la misma edad que tengo yo ahora. Estaba poniendo unas flores en un par de jarrones de metal dorados que se hallaban acoplados en dos nichos contiguos.

Desde la distancia me dispuse a leer con atención los nombres escritos en cada una de las dos placas doradas que flanqueaban los jarrones. Forzando la mirada, descubrí que en una ponía Haines y en la otra Shields. Comprobé que ese Haines se llamase como el que había visto en el hotel. Allí ponía William Haines y la fecha de nacimiento (1900) y muerte (1973). Tenía todas las posibilidades de ser la misma persona que el actor del que me había hablado el camarero del hotel.

Al notar mi presencia a su espalda, el hombre se dio la vuelta y me saludó después de haber colocado el ramo de flores compuesto de dos rosas rojas y dos agapantos de un color violeta intenso. Destacaba en su indumentaria un pañuelo de color gris ceniza con topos negros anudado al cuello, que le daba la imagen de un actor decadente de la época dorada de Hollywood. Tras saludarnos, mantuvimos una charla informal sobre la mañana tan buena que se había levantado para después de un par de frases de cortesía acabar hablando de William Haines. Lo que, a continuación, le cuento es lo que, sin ser literal, me explicó.

A inicios de 1926, el actor comenzó a comportarse de una manera natural en público, no quería ser una continuación de lo que se veía de él en las pantallas, y decidió que no tenía intención de ocultar su homosexualidad. Compartía hogar con su amor de muchos años, Jimmie Shields, y se los veía asistir a muchas fiestas juntos.

La pareja que formaban Haines y Shields era muy popular entre el mundillo artístico de Los Ángeles. Eran de trato abierto y agradable. Destacaban por su cultura y refinamiento, y muchos famosos de la industria engrosaban su lista de amigos íntimos. Solo por citar algunas de esas amistades, el hombre del pañuelo a topos me nombró a Joan Crawford, Jane Harlow y la diosa Gloria Swanson. William y Jimmy eran invitados a todas las fiestas, a nadie le importaba su sexualidad, solo a los estudios que temían perder ingresos si corría la voz de la homosexualidad de una de las más importantes estrellas de su compañía. Ser gay estaba mal visto por los estudios de cine. Su vida personal no era del agrado del productor Louis B. Mayer, el Mayer de Metro-Goldwyn-Mayer.

Entre 1926 a 1931, los éxitos se iban sucediendo sin descanso en la carrera de Haines. Figuraba en todas las listas en que aparecieran las diez estrellas más taquilleras de Hollywood. El productor Irving Thalberg, no se sabe si con sarcasmo, con ánimo publicitario, o porque en verdad lo creía, manifestaba a los medios de comunicación, cuando se refería a Haines, que era el símbolo de la masculinidad juvenil y añadía que era el nuevo modelo del héroe romántico del cine.

Un día de 1933, cuando William Haines se hallaba en la cumbre de su carrera, Louis B. Mayer lo llamó a su despacho para darle un ultimátum. Sin ambages y sin andar con rodeos le dijo que había sido visto en actitud cariñosa, puede que dijera algo más fuerte que «cariñosa», con otro hombre y que debían de acallarse de una vez por todas los rumores sobre su tendencia sexual que, alarmantemente, circulaban por los mentideros de aquel Hollywood de dos caras: liberal de puertas adentro y puritano de puertas afuera. El productor, para atajar el problema, le insinuó que lo más oportuno era que contrajera matrimonio y de esa forma el asunto quedaría zanjado. Unas fotos de la boda, un par de besos en los labios de su esposa y unas miradas tiernas como las que lucía en la pantalla serían suficientes para que la prensa las incluyera en las portadas y asunto terminado. Si no lo hacía, Mayer lo amenazó con que no volvería a tener ningún papel en las películas que produjera la Metro, y él en persona se encargaría de que ningún otro estudio lo contratara. Haines, en ese instante, le dijo al todopoderoso Mayer que eso era imposible porque ya estaba casado: casado con Jimmy Shields. Si pronunció que estaba casado es porque la relación que mantenían los dos hombres desde hacía siete años era más fuerte que un matrimonio convencional y más estable que los de la mayoría de estrellas de Hollywood. Esa conversación dio como resultado que al salir del despacho la carrera de Haines hubiera llegado a su punto final. Entonces pensé que el hombre del pañuelo al cuello ya había acabado de contarme los pormenores de la carrera artística de Haines, pero no fue así y continuó después de una rápida mirada a los nichos de mármol donde reposaban los amantes.

181

Ni Haines se amilanó, ni el mundo se le cayó encima. En sociedad con su pareja, abrió una empresa de decoración de interiores a la que bautizaron con el nombre William Haines Designs, aprovechando los coletazos de la fama del actor. El negocio resultó ser un éxito. Para ganar clientes y ventas, daba consejos gratuitos a sus famosos amigos y muchos de ellos se convirtieron en sus clientes, como es el caso de Joan Crawford, que les pidió que redecoraran toda su mansión y no dudaba en afirmar a los cuatro vientos que William y Jimmy formaban el matrimonio más feliz de Hollywood, en medio de ese mundillo en que las infidelidades eran moneda de cambio. Un mundo en que las mentiras circulaban dentro y fuera de la pantalla.

No todo fue un camino plácido para la pareja. En 1936 fueron arrastrados fuera de su casa en Manhattan Beach hasta la playa, donde cien miembros del Ku Klux Klan los golpearon violentamente. Un vecino los había acusado de hacer una propuesta indecente a su hijo menor. El suceso enfureció a Hollywood, que enseguida se puso de parte de la pareja y pidió el encarcelamiento de todos los involucrados, incluso el vecino, por acusarlos sin fundamentos ni pruebas, solo por el hecho de ser homosexuales.

Jimmy y William siguieron juntos el resto de sus vidas, hasta la muerte de Haines en 1973 por cáncer de pulmón. Jimmy no pudo o no quiso superar su ausencia. Tras haber compartido cuarenta y siete años, se puso el pijama de su pareja y se tomó el contenido de un frasco de barbitúricos. Cuando su cuerpo fue descubierto, a su lado se encontraba una nota escrita a mano que decía: «Adiós a todos los que han intentado con todas sus fuerzas consolarme por la pérdida de William Haines, con quien he estado desde 1926. Ahora me resulta imposible seguir solo, me siento muy solo».

El hombre se recompuso el nudo del pañuelo y acto seguido se despidió ofreciéndome su mano para que nos la estrecháramos. Cuando se alejó, me reproché el no haberle preguntado si había llegado a conocer en persona a William Haines.

Me quedé un rato en soledad mirando los nombres de los amantes escritos en las placas y me vino a la memoria lo que escribió Thomas Carlyle: «A menudo, los grandes son desconocidos o peor, mal conocidos».

182

30. Cementerio de la iglesia baptista de San Esteban (Virginia)

Mildred y Richard nacieron en Central Point, en el estado de Virginia. Casi nada pueden encontrar de interés los turistas en ese lugar a excepción de las dos lápidas que tenía enfrente de mí. Central Point no se enclava en la categoría de pueblo al ser una serie de casas esparcidas sin aparente orden, lo que, utilizando una somera explicación, tiende a ser algo similar a lo que en Galicia se suele denominar como «parroquia». No tiene importancia si es un pueblo, un villorrio, una pedanía, una parroquia o lo que en Estados Unidos se denomina una «comunidad», en este caso, incorporada al condado de Carolina. Mi intención no es hablarle de geografía o urbanismo porque mi fin en esta entrada es el de ir a la caza de una historia que servirá para mostrarle los muros que puede derrumbar el amor.

Mildred y Richard estaban enamorados, ese hermoso sentimiento que se profesaban se consideraba un delito. En otro lugar no hubiera pasado nada, pero como he dicho habitaban en el estado de Virginia, y eso presentaba un serio inconveniente. El delito que cometieron es que Mildred era una mujer de raza negra y Richard, en cambio, era un hombre de raza blanca. Esa diferencia de color de piel les impedía que pudieran unirse en matrimonio. Esa injusta ley regía en el estado de Virginia y en bastantes otros de Estados Unidos.

Mildred y Richard se habían conocido desde niños. Pese a que en los años cincuenta la segregación racial se intensificaba en el sur de Estados Unidos, en el condado rural en el que ellos vivían, blancos y negros trabajaban y compartían sus horas sin ningún tipo de enfrentamiento ni problemática. Ambas familias, la de Mildred y la de Richard, eran amigas desde generaciones y a nadie molestaba que el romance de sus hijos creciera, a sabiendas de que los matrimonios interraciales estaban prohibidos en el estado. Poner freno al amor es tan inútil como poner puertas al campo.

Su amor era profundo y casarse su mayor deseo, así que decidieron acercarse a la ciudad de Washington para contraer nupcias. Ese viaje no fue un capricho, el motivo no era otro que el que en Washington no se ponía ninguna objeción a la unión. Regresaron a Virginia felices y con un documento que certificaba que estaban casados, unidos hasta que la muerte los separase. Era el año 1958.

Para estar frente a las tumbas de Richard y Mildred se tiene que caminar por el césped de un cementerio, propiedad de la iglesia baptista de San Esteban de Central Point. Las lápidas de los fallecidos de la comunidad descansan en esa amplia extensión de terreno dispersas como si fueran vecinos mal avenidos, cuando en vida era lo contrario. Me costó encontrar dónde enterraron al matrimonio. Fue como buscar setas de cardo por las solanas teniendo que mirar en todo momento al suelo.

Después de un buen rato los descubrí. Las dos lápidas blancas sobresalían del suelo y me hicieron recordar dos dientes de leche recién acabados de salir en la boca de un niño. Comprobé que eran las lápidas correctas. Me fijé con detalle y me percaté que a mi mano izquierda descansa Mildred, y a mi derecha, Richard.

Para continuar con la historia debo situarme en 1958, pocos meses después de la boda. El matrimonio estaba en su casa de Central Point. Una noche, hacia las dos de la madrugada, se despertaron sobresaltados. Un *sheriff*, junto con dos ayudantes, se encontraban en los lados de su cama. Tardaron en adivinar de quién podía tratarse. La somnolencia y la luz directa de las linternas que los deslumbran no les permitían distinguir quiénes eran esas personas que habían entrado en su hogar. Lo que sí vieron al bajar la mirada era que las manos que no sujetaban las linternas se hallaban apoyadas en la cartuchera, sobre los revólveres, en posición intimidante.

El *sheriff* preguntó a Richard quién era ella. Posiblemente, no fue tan digno y en lugar de preguntar quién era ella dijera despectivamente «quién es la negra». Richard le respondió asustado que la mujer era su esposa, mientras les señalaba la pared donde podía verse enmarcado el certificado de matrimonio que le habían entregado en Washington y que legalizaba la unión. El *sheriff*, con voz neutra, les leyó sus derechos para, a continuación, llevárselos arrestados culpados del crimen de haberse casado con una persona de otra raza.

Vergüenza produce la detención como vergüenza produce a su vez el juicio que se llevó a cabo contra el matrimonio Loving. «Loving»,

184

se me había olvidado decírselo, era el apellido de Richard y así fue referenciado en las actas policiales y en el posterior juicio: el caso Loving.

Se realizó el proceso contra los Loving. El estado de Virginia los declaró culpables de violar la ignominiosa ley de integridad racial, que estaba en vigor en ese territorio. El matrimonio no tuvo otra opción que aceptar la sentencia para evitar represalias mayores. En ese instante adquirió vigencia la acertada frase de Solón de Atenas: «Las leyes son semejantes a las telas de araña; detienen a lo débil y ligero y son deshechas por lo fuerte y poderoso».

Un juez con ínfulas de ecuánime evitó el encarcelamiento, pero puso como castigo que no volvieran juntos o en las mismas fechas al estado de Virginia en un plazo de veinticinco años. Debían abandonar la tierra que los había visto nacer y en la que se habían enamorado. Debían partir al exilio por culpa de una ley despreciable, estúpida e irracional.

La pareja volvió a Washington, donde sí podía convivir como un matrimonio sin quitarse de la cabeza el deseo de regresar con sus familias, a ese estado de Virginia que, a pesar de cómo los había tratado, seguían llevando en lo más profundo de su corazón.

En 1963, Mildred, sin comentárselo a su esposo, decidió escribir, sin excesiva esperanza, una carta al entonces fiscal general Robert Kennedy en un intento desesperado de solucionar el drama que estaban sufriendo. Robert Kennedy enseguida se dio cuenta de que esa petición de ayuda podía ser útil a su carrera política. Hizo llevar la carta de Mildred a uno de los principales grupos que promovían los derechos civiles, que después de estudiarla meticulosamente, vio la posibilidad de una demanda que podía prosperar. Sin demora, la enviaron a la Corte Suprema.

Miré de nuevo el lugar en que están enterrados. Es un enterramiento tan sencillo que poco es lo que se puede contar, a excepción de que el día que estuve delante de la lápida de Richard había un jarrón con rosas de plástico rosas y la de Mildred contaba con, además de rosas también de plástico, amarillas y rojas, un buen número de figuritas de yeso que representaban ángeles en acción de rezo.

Fuera la decisión de Robert Kennedy una treta política para conseguir apoyos para intentar alzarse con la presidencia de Estados Unidos o no, lo cierto es que en el desarrollo de los hechos su decisión es vital. Bien nos dice Benavente en boca de Crispín, en la obra teatral *Los intereses creados*: «Para salir adelante con todo, mejor que crear afectos es crear intereses».

Después de réplicas y contrarréplicas, llegó la hora del veredicto por parte del jurado. Por unanimidad la decisión se volcó a favor de los Loving, a los que se les otorgaba el derecho a ser marido y mujer, padre y madre, en el estado de Virginia.

Esa sentencia del 12 de junio de 1967 fue un suceso histórico no solo para el matrimonio Loving, sino para la totalidad de Estados Unidos. La Corte Suprema abolió la prohibición del matrimonio interracial que regía en Virginia y en muchos otros estados de la nación. Esa decisión acabó, al menos legalmente, con la discriminación racial que se sufría en el país.

Los Loving regresaron a su estado para no volver a dejarlo nunca más. Tuvieron tres hijos. Hay una foto que apareció en *The New York Times* en la que se puede ver a toda la familia sentada en un escalón del porche del que, sin duda, era su hogar en Central Point. Los tres hijos, dos niños y una niña, son bellos. Poseen esa belleza que se genera al mezclar las razas.

Lancé una ojeada a las lápidas por última vez. La de Richard Loving llevaba inscrito que murió en 1975, ocho años después del juicio. En el hotel que me hospedaba pregunté horas más tarde la causa del fallecimiento y me dijeron que murió a consecuencia de un accidente automovilístico, a lo que añadieron que Mildred falleció en 2008 de neumonía.

Me alejé de las lápidas convencido de la importancia de lo que conquistó esa pareja, y resonó en el cielo del estado de Virginia una frase de Walt Whitman: «Cuando conozco a alguien no me importa si es blanco, negro, judío o musulmán. Me basta con saber que es un ser humano».

31. Grove Hill Memorial Park (Dallas)

Algo más de once millas separan los cuerpos de los dos amantes. Diecisiete kilómetros impiden que estén juntos los protagonistas de una historia de amor que recorrió las carreteras de Estados Unidos y que primero la prensa y después el cine se encargaron de elevar y mantener en la categoría de leyenda. El hombre, mejor dicho, un muchacho todavía, está enterrado en el cementerio Western Heights, mientras que la mujer, muy joven también, lo hace en Grove Hill Memorial Park, ambos cementerios se localizan en Dallas, los dos en los márgenes de la Interestatal 30. Deseché visitar la tumba del primero de los dos protagonistas y decidí acercarme al cementerio en que estaba enterrada la mujer. Con ver solo una de las tumbas tenía suficiente para revivir una historia llena de romanticismo, esperanzas rotas y violencia a partes iguales. La mujer se llamaba Bonnie Parker; el hombre, Clyde Barrow, pero en el recuerdo popular es más fácil reconocerlos como Bonnie y Clyde.

Clyde era el quinto hijo de una familia de siete. Su padre era un albañil al que había arruinado la Gran Depresión de 1929 que vivió Estados Unidos. El muchacho comenzó desde bien joven a cometer robos a pequeña escala, «niñerías», podrían llamarse. Más tarde, cuando los robos aumentaron en cuantía, se dedicó a hurtar vehículos más como diversión y por la utilidad que le daban para huir rápido del lugar donde había cometido una mala acción. Se justificaba diciéndose que había que comer fuera como fuese y que robar para conseguirlo no podía considerarse delito. Siendo un veinteañero ya había pisado dos veces la cárcel y no tenía intención de elegir otro camino de vida.

Bonnie Parker, la chica, pertenecía a una familia de clase media. Ni les sobraba el dinero ni les faltaba. Huérfana de padre desde muy niña, sentía pasión por la literatura y la poesía; los versos que componía hay que decir que realmente tenían calidad. Se casó con 16 años con un muchacho que conoció en el instituto del que descubrió, cuando ya los habían unido en matrimonio, que era un maltratador y que se ganaba la vida robando bancos. Detenido en uno de sus atracos, fue condenado a una pena de cinco años de prisión. Bonnie aprovechó la libertad que le daba la reclusión de su esposo para alejarse de él para siempre. No volvió a verlo nunca más.

Cuando Bonnie y Clyde se conocieron, la chica trabajaba de camarera. Él entró en la cafetería de carretera dispuesto a tomarse un café y quedó hipnotizado por la belleza, el desparpajo y el cabello

187

rojo intenso de la muchacha que se lo servía. Fue rápido el enamoramiento, los dos se gustaron desde que ella preguntó qué deseaba tomar y él respondía que un café sin apartarle los ojos de encima. No necesitaron más palabras para saber que estaban condenados a quererse el resto de sus vidas.

En esas fechas, Clyde ya era un incipiente ladrón. Bonnie, puesta a soñar, ya que soñar es gratis, soñaba con ser cantante. La verdad es que tenía buena voz.

En lugar de tomar el camino de la honradez decidieron tomar la senda del crimen. Sentían dentro la erótica del delito, ese estado de embriaguez continua que ejerce en ciertas personas el oponerse a la ley. Cuando mayor es el delito, más excitación.

Comenzaron a robar juntos. Ella planificaba los asaltos y él los ejecutaba. Primero fueron robos de poca envergadura, después, cansados de esas menudencias, dieron el salto y acabaron organizando una pequeña banda, compuesta por Marvin —el hermano de Clyde—, su cuñada Blanche y otros tres hombres de su círculo más cercano.

En uno de los golpes, Clyde fue arrestado y condenado a una pena de catorce años de prisión. Fue un duro golpe que obligó a los enamorados a separarse.

Contemplo la lápida de Bonnie Parker. Está incrustada horizontalmente en el suelo, algo muy común en muchos cementerios de Estados Unidos.

Durante el periodo en que su querido Clyde estuvo en prisión, Bonnie le escribió unas desgarradoras cartas de amor en que, con extrema añoranza, le confesaba que no poder tocarle se había vuelto insoportable.

En prisión, Barrow convenció a un compañero de celda para que le cortara dos dedos de un pie con un hacha y de esa manera librarse de los trabajos forzados en el campo. A consecuencia de esa mutilación, Clyde tendría una leve cojera al caminar durante el resto de su vida. Gracias a las gestiones que realizó su madre, Clyde obtuvo la libertad condicional.

La libertad condicional no ayudó a que se reformase y se convirtió en un verdadero quebradero de cabeza para la policía. Atracaron bancos, tiendas, e incluso realizaron secuestros. El desenfreno se apoderó de ellos, de manera que cada vez eran mayores y más violentos los golpes.

Comienza a fraguarse la leyenda de la pareja. El interés de la prensa por sus atracos los coloca en la misma categoría que el jugador de béisbol Babe Ruth o la actriz Claudette Colbert. Las editoriales de los periódicos tenían un filón vendiendo la imagen de esos jóvenes veinteañeros que bien podrían ser los hijos extraviados por el mal camino de una familia americana del Medio Oeste. Nace en los papeles impresos un lado romántico al que se aferran las quinceañeras que sueñan con que se les aparezca un Clyde para vivir cientos de aventuras a su lado. Las chicas usaban las mismas faldas de *tweed* y las boinas al estilo de las que llevaba Bonnie según las revistas. La sociedad se polariza. No tardaron en formarse dos bandos antagónicos; por un lado, quienes admiran sus andanzas y por el otro los que los desprecian por esas mismas andanzas. Unos veían su relación como un grito de libertad en un país ahogado por la crisis, mientras que para otros simplemente eran unos criminales capaces de realizar cualquier fechoría. Diez son las víctimas mortales que se atribuyen a Clyde en toda su carrera delictiva.

A principios de 1933 empieza a cambiar la suerte de la banda. Comienzan a ganarse más enemigos que amigos. Para la prensa, ya no era la encantadora parejita. Al estado de Texas y al Gobierno federal les es conferido el poder absoluto para darles caza. Se han convertido en los enemigos públicos número uno.

El 24 de julio, Marvin, hermano de Clyde, recibe seis heridas en la espalda durante un tiroteo cerca de un parque de atracciones abandonado, resultando muerto. Su esposa Blanche es detenida mientras Bonnie y Clyde, aunque heridos, consiguen darse a la fuga.

El cerco se iba cerrando. Bonnie lo intuía y esa intuición puede que sea la que le lleve a escribir un poema en parte premonitorio:

> Algún día caerán juntos;
> y los enterrarán uno al lado del otro.
> Para pocos será pena.
> Para la ley un alivio.

189

Y llegó el día en que el poema se convirtió en realidad.

El 23 de mayo de 1934, la policía los había localizado y tenía la orden de matarlos. El tramo de la carretera donde se los esperaba estaba solitario, era una de las docenas de carreteras secundarias de Luisiana. A lo lejos, los agentes vieron que se acercaba un Ford V-8, al volante iba Clyde, a su derecha, su chica, dando unos mordiscos a un sándwich. Los policías se hallaban escondidos tras los arbustos y al tener el coche a tiro recibieron la orden de vaciar los cargadores: 167 agujeros de bala atravesaron la carrocería. A la pareja la alcanzaron cincuenta. Los cuerpos irreconocibles descansaban en los asientos del auto. Clyde acababa de cumplir 25 años, Bonnie solo había celebrado 23.

A los amantes les hubiera gustado que los enterraran juntos. No fue posible porque la madre de la muchacha no permitió que su hija estuviera toda la eternidad compartiendo espacio con la persona que la había arrastrado por el mal camino.

Más de veinte mil personas acudieron al funeral de Bonnie, haciendo casi imposible que el féretro llegara a su destino. Al final, la enterraron en el Crown Hill Memorial Park.

Me disponía a salir del cementerio y no hallaba el modo de despedirme. Miré de nuevo la solitaria lápida de Bonnie Parker y fue ella quien se despidió con el epitafio que se puede leer grabado en su lápida, un poema que escribió pensando en Clyde Barrow:

> Así como las flores son endulzadas
> por el sol y el rocío,
> este viejo mundo es más brillante
> por las vidas de gente como tú.

32. Hendersonville Memory Gardens (Tennessee)

Salí de Nashville con destino al Hendersonville Memory Gardens. En la radio del taxi se escuchaba, quizá en un volumen ligeramente elevado, una selección de música *country*. Reconocí de inmediato la canción que había empezado a sonar, «Folsom Prison Blues». Dicha canción comenzaba con una voz profunda que decía: *«Hello, I'm Johnny Cash»*.

Era una grabación realizada en directo en la californiana cárcel de Folsom, que sirve para dar nombre a la composición. La armonía y sequedad de la voz de Johnny Cash me hermanaba con el paisaje que podía contemplar a través de la ventanilla.

El taxista, que llevaba un sombrero idéntico al que utilizaba el coronel Kilgore en la película *Apocalypse Now*, tarareaba la canción con algún golpe que daba con la palma de su mano sobre el volante en un intento de acompañar la música de un modo que, puesto a darle una palabra, podría ser «primitivo».

Sin que yo se lo pidiera, se puso a contarme las penalidades que pasó el cantante en la cárcel. Me relató la adicción a las drogas y al alcohol. Incluso me informó de que acabó encerrado cuando intentó pasar por la frontera 669 pastillas de efedrina y 475 ansiolíticos que había comprado en México. Lo de saberse el número exacto y el complicado nombre de las sustancias no puedo negar que me dejó impresionado.

Por educación, lo escuché sin interrumpirlo mientras me distraía mirando por la ventanilla el paisaje del estado de Tennessee, porque lo que, en realidad, me interesaba era la historia de amor que había vivido Johnny Cash más que sus problemas con la ley, y ese era el motivo por el que me dirigía al Hendersonville Memory Gardens.

El conductor guardó silencio. Me hizo ilusión pensar que se mantendría callado hasta llegar al destino. Mi dicha fue fugaz, porque pasados un par de minutos me declaró que él había sido uno de los privilegiados que había visto actuar a Johnny Cash, él lo llamó «el hombre de negro», el 5 de julio de 1956 en el Grand Ole Opry. Sin excesivo apasionamiento le di la enhorabuena.

El *Grand Ole Opry* era el más importante programa radiofónico de música *country* que se realizaba en directo desde un local con el mismo nombre. Ese día fue histórico porque Johnny subió un peldaño más hacia la fama y lo que es más importante, conoció a su gran amor, June Carter.

Aparcó el taxi en la entrada del Memory Gardens. Descendí después de pagarle. El conductor, al alejarse, se despidió tocando el claxon y sacando la mano por la ventanilla, haciendo un movimiento idéntico al que hacen los niños cuando el tren se aleja. Johnny Cash nos había convertido en compadres.

191

No contaré nada o poca cosa del cementerio porque tiende a ser igual a la mayoría de los que he visto repartidos por Estados Unidos. Siento repetirme en esa opinión, pero es que no me viene a la cabeza otra. Espacios abiertos que se asemejan a jardines donde lo más parecido a esculturas funerarias son los árboles que periódicamente uno se va encontrando en el recorrido. El cementerio de San Luis en Nueva Orleans es una de las más honrosas excepciones.

Lo que me había contado el taxista ya lo conocía. Johnny Cash había debutado en el mítico Grand Ole Opry, que venía a ser el auditorio de más renombre de la ciudad de Nashville y que habían pisado todas las estrellas del pasado, del presente y, casi seguro, las del futuro de la música *country*.

Ese día que entre bambalinas Johnny Cash conoció a June Carter le manifestó la admiración por su voz; June se lo agradeció con cortesía, y de ahí no pasó la charla. Johnny sintió en ese primer contacto algo que nunca hasta entonces había sentido.

June Carter ya era una cantante con relativa popularidad cuando se produce ese encuentro. En la década de 1940, con su madre y sus dos hermanas formó el grupo Mother Maybelle and the Carter Sisters, que les había permitido viajar por todo el país. Contaban en su currículum el haber intervenido en programas de radio, lo cual les había servido de referencia para formar parte del elenco del espectáculo nacional de música *country* Grand Ole Opry. En las giras de esa especie de circo ambulante había conocido al cantante Carl Smith, con quien se había casado en 1952.

La vida de Johnny Cash era compleja. Había muchos rincones oscuros con los que tenía que convivir. Una tragedia lo marcó desde los 12 años, cuando su hermano mayor, a quien admiraba, murió en un accidente laboral mientras cortaba madera. No pudo hacer nada para salvarle la vida. La mañana del entierro, Johnny ayudó a cavar la tumba. Al funeral asistió con la ropa con la que había realizado el hoyo. Permaneció en la iglesia cubierto de tierra, sucio, durante todo el servicio religioso. Desde ese incidente se rumoreó que Cash nunca volvió a ser la misma persona.

A los 18 años, después de realizar algunos oficios menores, se unió a la Fuerza Aérea de Estados Unidos y lo destinaron a Alemania. Antes de partir hacia Europa en 1951, conoció a una chica, Vi-

vian Liberto, lo que desencadenó un apasionado romance. Durante el servicio en el Ejército, intercambiaron una enorme cantidad de correspondencia, y tres años después de su regreso a Estados Unidos se casaron. Esta unión trajo al mundo a cuatro hijas; pero este no es el relato de amor por el que escribo este capítulo.

De nuevo hay que volver a ese día en que Johnny y June se conocieron. A partir de entonces, realizaron actuaciones como parte del grupo de Opry, y su amistad fue aumentando, aunque los dos estaban casados.

Sin embargo, las sesiones que pasaron compartiendo escenarios no fueron un cuento de hadas para los músicos que actuaban con Cash, quien en esa etapa luchaba contra su adicción a las drogas y al alcohol. Esas enfermizas adicciones le obligaban a cancelar o incluso a perderse por completo conciertos y espectáculos. Cash fue arrestado numerosas veces por delitos relacionados con las drogas o el alcohol, lo que consolidó aún más su imagen de rebelde.

Sin embargo, el amor de Cash a June lo llevó a intentar convencerla de tener una relación amorosa, pero sin éxito, ya que ella sintió que no era el momento adecuado para los dos.

El matrimonio de Cash con Viviane estaba en crisis debido a sus adicciones y supuestas infidelidades; ella solicitó el divorcio en 1966. Ese mismo año, el segundo matrimonio de Carter con Edwin Nix también terminó. El destino se había confabulado para unirlos.

En el trayecto por el cementerio vi dos manos doradas sobre una lápida negra. Me fijé en el nombre que ponía, Merle Kilgore. El nombre me sonaba y en este caso no por *Apocalypse Now* como en el caso del sombrero del taxista. A la memoria me viene con rapidez una entrevista de June a la revista *Rolling Stone* en la que les contaba en referencia a su relación con Johnny: «No era el momento adecuado para enamorarme de él, ni tampoco para que él se enamorara de mí... Me asustaba su forma de vida. Pensé: "No puedo enamorarme de este hombre, es como un anillo de fuego"».

Esa frase destapó mis recuerdos y caí en la cuenta de que Merle Kilgore, cuya tumba ya tenía a mi espalda, había sido quien compuso junto a June Carter la canción «Anillo de fuego» en la que se canta: «El amor es una cosa ardiente y forma un anillo de fuego atado por un deseo salvaje. Caí en un anillo de fuego».

193

En febrero de 1968, Johnny le propuso matrimonio a June en el escenario del London Ice House, en la ciudad canadiense de London, en plena actuación. Una multitud de siete mil personas presenciaron la emotiva petición. Se casaron apenas unas semanas después en Kentucky. Tuvieron un hijo.

Johnny atribuyó a June el mérito de haberlo ayudado a mantenerse sobrio y de haberle dado serenidad a su vida. El amor dio como resultado que el cantante *country* rebelde, adicto a las drogas y a las fiestas desenfrenadas se transformara. Suyas son las siguientes palabras: «Hay un amor incondicional ahí. Ella me ama a pesar de todo, a pesar de mí mismo. Ella me ha salvado la vida más de una vez. Siempre ha estado ahí con su amor, y ciertamente me ha hecho olvidar el dolor por mucho tiempo, muchas veces».

Después de casarse y de tener un hijo, Johnny y June siguieron compartiendo escenarios musicales y pantallas de televisión. La pareja presentó *The Johnny Cash Show* en televisión y compartió premios Grammy.

Cash encontró redención en la religión de la Iglesia baptista y el activismo social, haciendo campaña por la reforma penitenciaria y en favor de los derechos de los nativos americanos.

June Carter falleció en mayo de 2003 a la edad de 73 años. Johnny Cash no pudo soportar su ausencia y menos de cuatro meses después se unió a ella, a la edad de 71 años. En el certificado de defunción se indica muerte por complicaciones con la diabetes, cuando la realidad es que murió de pena y amor.

Miro el lugar de enterramiento. Es elegante, un limpio mármol negro con un par de jarrones en cada lápida, los dos con flores frescas. Ambas muestran escrito un epitafio.

Leo lo que hay escrito sobre el mármol. Son dos salmos, uno sobre cada losa. En el de Johnny Cash pone: «Sean gratos los dichos de mi boca y la meditación de mi corazón delante de ti, oh Jehová, roca mía, y redentor mío»; mientras en la de June Carter reza: «Bendice, alma mía, a Jehová, y bendiga todo mi ser su santo nombre».

Con esa lectura de los dos salmos la visita había terminado y regresé en otro taxi a Nashville. En el trayecto no sonó la voz de Johnny y Jane, pero sí la de Leonard Cohen diciendo que «el amor no tiene cura, pero es la única cura para todos los males».

Sugerencias

Película: estoy convencido de que habrá acertado la película que se ha ganado por derecho propio que le resalte: la versión de *Bonnie and Clyde* que dirigió en 1967 Arthur Penn, interpretada por unos jovencísimos Faye Dunaway, Warren Beatty y Gene Hackman. En su estreno, la crítica no la vio con buenos ojos, acusándola de demasiado violenta. Pero ocurre un fenómeno que no supieron ver los críticos, la juventud, por el boca a boca, consiguió que fueran a verla todos en masa y se acabó convirtiendo en un éxito de taquilla.

Pintura: le animo a que vea el cuadro que lleva por título *Gas,* que pintó Edward Hopper en 1940 y que se puede contemplar en el Museo de Arte Moderno de Nueva York. Muestra una gasolinera con tres surtidores. Si no fuera por el hombre que se encuentra manipulando uno de ellos, se diría que está abandonada. El cuadro es una representación de la soledad y el aislamiento, temas frecuentes en la obra de Hopper. Todo lo que nos muestra resulta indefinido. Se sitúa en las horas fronterizas entre el día y la noche, y con claridad nos dibuja la línea que separa la civilización de la naturaleza. Si nos fijamos en la única presencia con vida, el hombre, lo vemos bien vestido sin chaqueta pero con corbata. Echamos en falta el automóvil que necesita repostar. La carretera que se puede ver en el óleo no hay duda de que es secundaria, similar a aquella en la que fueron abatidos Bonnie y Clyde.

Libro: no puedo evitar proponerle que lea *Las uvas de la ira* de John Steinbeck. Escrita en 1940, el mismo año que Hopper pintó *Gas*, esta obra cumbre de la narrativa norteamericana le hará ser testigo en primera persona de los estragos de la depresión económica que vivió Estados Unidos en los años veinte del pasado siglo.

Canción: la canción que le propongo escuchar es «Cause

I Love You» interpretada por Johnny y June. Si es posible, localice la actuación en el *show* de Johnny Carson y fíjese en las miradas y en las sonrisas que se cruzan entre ellos, que serán más clarificadoras que las cientos de palabras que yo pueda escribir sobre la atracción amorosa que sentían.

Arte funerario: si algún día le da por entrar en el cementerio de Woodlawn del Bronx, en Nueva York, no se pierda una escultura sobre el césped que representa a dos mujeres tumbadas sobre una cama. Esa composición lleva por nombre *Memorial del matrimonio*. Es una escultura en bronce que representa a su autora, la escultora Patricia Cronin, con la que era en el momento que realizó la obra su novia, y años más tarde pude leer en la prensa que se había convertido en su esposa, Deborah Kass. Las dos mujeres están abrazadas bajo una sábana y sobre un lecho, situado en la futura parcela donde han decidido que sean enterradas cuando la muerte las aparte de este mundo y las lleve a vivir la eternidad.

9

EL ÚLTIMO JUEVES DE MES

He dejado para el capítulo final una miscelánea —o llamémoslo un pequeño «cajón de sastre»— donde se encuentran guardados, pero no olvidados, esos lugares y esas historias que, por una u otra razón, no he vivido en primera persona. Son narraciones tan diversas como diferentes son quienes me las contaron. Todas las historias que, a continuación, le narro, aunque no las he vivido, me las han contado conocidos que las vieron y sintieron, del mismo modo que yo espero haberle transmitido lo que he visto y sentido en mis viajes. La vida no deja de ser un intercambio de conocimientos que nos utilizan para ser quienes los divulguemos.

Quiero avanzarle que pertenezco a una original asociación, quizá sea más ajustado decir excéntrica asociación. Nos reunimos el último jueves de cada mes, de nueve a doce de la noche, para hablar de nuestra pasión común, los cementerios. Es una agrupación en la que no existen ni cuotas ni presidente. Esas medidas fueron tomadas desde el día de su creación hace algo más de medio siglo. El que no exista ni presidente ni un fondo dinerario evita las tentaciones que nacen del poder y del dinero. Cuánta razón hay en lo escrito por el primer barón de Acton: «El poder corrompe y el poder absoluto corrompe absolutamente».

No es que seamos un grupo muy extenso, puesto que el número de personas varía entre los quince y los veinte, aunque también debo decirle que nunca nos hemos llegado a reunir todos, al existir imprevistos entre los miembros que les impiden la asistencia. Últimamente, el motivo que ocasiona mayores bajas son los achaques causados por nuestra elevada edad, que nos impide ir a nuestro local social. También se producen bajas a consecuencia de miembros que andan recorriendo el mundo, ya sea por cuestión de negocios o por placer, pero que siempre hallan huecos para descubrir cementerios en los rincones más insospechados del planeta. Fuera del lugar de encuentro no mantenemos relación ni contacto entre nosotros, solo conocemos nuestros nombres de pila, pero nunca solemos usarlos, al considerarlo innecesario. No piense que somos una organización secreta que custodia arcanos ocultos y tiene voz para transmitirlos solo a los iniciados. ¡Nada más lejos de la realidad! La única condición para formar parte de la sociedad es la de ser apadrinado por un integrante con más de diez años de antigüedad. Ya he dado su nombre y domicilio para que se pongan en contacto con usted, por si le apetece pertenecer al grupo y asistir a las reuniones. Sería un placer que ocupara mi lugar.

Cuando comienzan nuestras ponencias, los turnos de palabra están limitados. Las charlas están pensadas para que cada cual tenga un tiempo estipulado para hablar de un cementerio. El reloj de arena, símbolo del paso inevitable del tiempo, es el que marca la duración de cada intervención.

Esos jueves de final de mes han ido ocupando mi soledad desde hace bastantes años porque como dejó escrito Thomas Wolfe en su obra *El hombre solitario de Dios:* «La mayor convicción de mi vida reside ahora en la creencia de que la soledad, lejos de ser un raro y curioso fenómeno, es el hecho fundamental e inevitable de la existencia humana».

A continuación, le transcribiré lo oído en alguno de esos jueves y para ello he seleccionado, para no romper la coherencia de lo que hasta ahora llevo contado, cementerios que contienen amores enterrados. En estos jueves, puedo decir que otros ojos han sido mis ojos.

33. Cementerio Internacional Inasa Goshinji (Nagasaki, Japón)

En estas reuniones, se sienta a mi derecha, sin ningún motivo en especial, un hombre de escasa estatura al que le tiemblan ligeramente las manos cuando toma el vaso de agua para aclararse la garganta. Puede que ese temblor sea un principio de párkinson, si bien no lo creo. Existen más posibilidades de que sea cuestión de nervios por temor a no cumplir expectativas y que no nos atraiga lo que está dispuesto a contar. Su manera de hablar es lenta e interrumpida por muchos silencios, lo que genera cierta tensión en quienes le escuchamos. De vez en cuando se frota las manos como lo suelen hacer los curas antes de soltar un pensamiento lapidario. Es una persona enigmática y desconozco a qué se dedica, pero todos somos conscientes de que su especialidad es Asia, ya que es de ese continente del que más habla, en particular de Japón, por lo que he deducido que ha estado en varias ocasiones allí y lo conoce bastante bien. En uno de esos jueves nos habló de que había estado en el monte Inasa que, especificó, se localiza al oeste de la ciudad japonesa de Nagasaki. Desde lo alto de ese monte, informó, hay una preciosa vista nocturna de la metrópoli. Continuó diciendo que en el monte están ubicados los terrenos del templo Goshinji, un templo budista de la secta Jodo. Tiene la particularidad, a la vez que la rareza, de ser un cementerio internacional donde están enterradas personas de diferentes nacionalidades y religiones, detalle no muy común en los enterramientos que se realizan en Japón. La mayoría de las muertes de quienes están sepultados en su recinto ocurrieron durante el viaje que los conducía a Nagasaki o en las calles de la ciudad, las mayores veces sospechosas. Esa larga introducción nos empezó a preocupar porque pasaba el tiempo y dentro de nada su turno finalizaría. A esas alturas no teníamos ni muertos ni tumbas, y temíamos que al paso que íbamos no iban a hacer acto de presencia nunca.

«Les voy a contar —continuó, despertándonos del letargo en que nos hallábamos sumidos— la historia de Gustav Wilckens, quien llegó al puerto de Nagasaki en 1861 y al desembarcar montó una sociedad con otro estadounidense en un negocio de importación de alimentos.» Pocos datos más nos facilitó, a excepción de que la sociedad solo duró ocho años porque Wilckens murió en 1869 a la edad de 37 años, y fue enterrado en el Cementerio Internacional Inasa Goshinji.

¡En treinta segundos nos había presentado a Gustav Wilckens y lo había enterrado en lo alto del monte Inasa!

«Si algún día se pierden por allí —explicó—, lo curioso que tiene la tumba y solo por esa curiosidad la traigo aquí, es que es fácil de ver porque tiene en su parte superior una gran cruz y se puede leer una inusual inscripción en el lateral de la piedra, grabadas en japonés, donde se encuentran escritas las palabras: *Tamagiku* de *Tsunokuniya*.»

Nadie comprendía lo que quería contarnos.

Tsunokuniya, se decidió a explicar, es el nombre de uno de los burdeles del Barrio de las Flores de Maruyama. Sobre *Tamagiku*, la otra palabra escrita, nos precisó que se refería a una *geisha* y a la vez novia de Wilckens, y que ella pagó la lápida como homenaje a quien es de suponer que adoraba.

Dicho esto, se acercó el vaso de agua a la boca y esta vez, sin temblar, dio un generoso trago. Todos esperábamos que continuara, pero no tenía nada más que contar sobre el cementerio del monte Inasa y se perdió en una disertación innecesaria sobre la vida de las *geishas* que, aunque interesante, no venía a cuento.

Nos quedamos con más preguntas pendientes que respuestas estaba dispuesto a proporcionarnos el ponente.

Los hechos, como se habrá percatado, son banales, de eso no hay duda, pero estoy seguro de que cada uno de los que estábamos allí tuvo un pensamiento diferente sobre esa relación entre el ya familiar Gustav y la *geisha* Tamagiku. Cada uno montó una historia con esos dos sencillos elementos. Unos debieron reflexionar sobre el amor imposible entre clases y razas, otros en la desazón del amor sin recompensa. Quizá en esa historia de personas casi anónimas se encontraba la esencia de todas las historias de amor. Incluso me llegué a fijar que un par de los presentes tomaron notas en su cuaderno Moleskine, con la intención de no olvidar el nombre ni de los protagonistas ni de las coordenadas del cementerio de Inasa Goshinji. Puedo garantizar que la mayoría de los que estábamos sentados a la mesa envidiamos el descubrimiento que nos había contado. No nos había narrado una gran historia, eso es indudable, pero tenía la virtud de ser desconocida y eso es casi siempre en nuestro círculo muy bien valorado.

Yo, por mi parte, anoté un diálogo que me vino a la memoria y creo que se pronuncia en la película *Memorias de una geisha:* «El corazón muere de muerte lenta, mudando cada esperanza como las hojas de un árbol, hasta que no queda ninguna. No hay esperanza, no queda nada».

34. Cementerio de Chrissiesmeer (Mpumalanga, República de Sudáfrica)

En nuestra asociación no vetamos a nadie ni por raza ni por credo religioso ni por sexo ni por sus preferencias futbolísticas ni por su ideario político. Solo exigimos que no se hable de política, religión, sexo, fútbol ni se pronuncien frases racistas. Esa es la mejor medida para que podamos durar muchos años sin enfrentamientos disfrutando de nuestra común pasión.

Entre nosotros hay una mujer de rasgos dulces, que aparenta menos edad de la que se descubre cuando la miras de cerca y con fijeza. No sabemos ni cuándo ni quién la introdujo por primera vez en la peña. Las historias con que nos deleita son suaves, sin que la muerte sea más dramática de lo que es en realidad, cosa que de verdad se agradece. Ella es quien nos habló de una tumba que hay en el cementerio de la pequeña localidad de Chrissiesmeer en la que, se vaya a la hora que se vaya o se acerque el día de la semana que le apetezca, siempre va a ver que tiene encima unas pequeñas ramas de brezo que la adornan. Lo curioso es que la persona enterrada no es famosa, no es nadie que haya influido en el progreso de la provincia Mpumalanga, que es donde está enclavado el pueblo, ni haya contribuido a la grandeza del país donde se encuentra, la República de Sudáfrica.

La tumba que se puede ver en ese cementerio situado a orillas del lago Chrissie, que es allí donde se encuentra el pueblo, contó nuestra tertuliana con una bien modulada voz, pertenece a Arthur William Swanston, quien tenía 25 años cuando llegó a Sudáfrica con el cargo de teniente del Ejército británico y murió con el mismo cargo luchando contra los bóers el 16 de octubre de 1900 en una escaramuza en lo que hoy es la provincia de Mpumalanga. La inscripción, en su lápida, sobre la que descansa el brezo, cuenta que murió mientras intentaba salvar la vida de uno de sus hombres, el soldado J. Garrick.

Es norma inquebrantable de los asistentes que mientras habla el ponente nunca sea interrumpido y si alguno lo intentara, situación que nunca ha ocurrido hasta la fecha, inmediatamente sea expulsado sin miramientos de la reunión.

La tumba, describió, es alargada, como si se tratara de un ataúd que por algún descuido se han olvidado enterrar. Si no fuera por el ramo de brezo que se encuentra encima, nada sería diferente a miles de tumbas que se hallan en otros cementerios e incluso en ese mismo cementerio, de las que nunca nos pararíamos a hablar. El misterio y su interés se hacen patentes al finalizar la guerra de Sudáfrica, cuando empezaron a observarse ramitas de brezo en la tumba del soldado Swanston, cerca del 16 de octubre, aniversario de su muerte.

En ese punto se dio cuenta de que nos interesaba lo que estaba contando por la atención que prestábamos. Nos había sorprendido con unos hechos y un cementerio que nadie entre nosotros conocía.

Ese brezo, continuó, llegaba en un paquete dirigido al jefe de Correos de Chrissiesmeer. Un año, lo que recibía era brezo de color azul, al siguiente cambiaba a ser de color magenta, otro le tocaba el turno al amarillo... Siempre, fuera del color que fuera, llegaba envuelto con una cinta a juego del mismo color. El paquete incluía una breve solicitud escrita a mano pidiendo, por favor, que se colocara el brezo en la tumba del teniente escocés William Swanston.

Durante casi seis décadas, el brezo fue llegando aproximadamente en la misma fecha todos los años. En 1957, la por entonces directora de la oficina de Correos de Chrissiesmeer recibió una nota con el paquete habitual con el brezo y la consabida carta de agradecimiento. En esta ocasión la remitente escribió unas líneas más que los años anteriores. Con preciosa caligrafía comentaba que debido a problemas de salud, probablemente no podría enviar más paquetes en el futuro. También dio una pista sobre quién era al confesar que había sido la prometida de Swanston. Aseguró que nunca se había casado. Luego agradeció a la oficina de Correos el haberla ayudado a honrar a su prometido durante esos años.

A pesar de esa carta, el brezo siguió llegando durante un par de años más, hasta que un día no se volvió a recibir ninguna notificación más de la misteriosa dama.

Después de que los paquetes dejaran de llegar, la oficina de Correos continuó con la tradición de colocar flores en la tumba de Swanston. El pueblo se solidarizó con la mujer y empezaron a llevar a la tumba del soldado ramas de brezo.

En la actualidad, cada octubre, un grupo de escolares de la localidad se reúne alrededor de la tumba y primero ponen flores para luego cantar «My Bonnie Lies over the Ocean» [«Mi Bonnie yace en el océano»], aunque con una ligera variación al cambiar la palabra *Bonnie* de la canción popular escocesa por *body*, «cuerpo». Y con esta ligera licencia, el significado de la canción es otro diferente y toma la perspectiva de un soldado cuya muerte es el centro de un misterioso amor y una tradición que se ha convertido en centenaria.

Con la explicación de esa canción dio por terminada su charla. Lo que nos había contado del misterioso brezo nos hizo permanecer un buen rato callados por la sorpresa que nos había proporcionado el descubrimiento de una historia que desconocíamos. Tentado estuve de declamar en voz alta a Alfred de Musset: «Ni la ausencia ni el tiempo son nada cuando se ama».

35. Cementerio de la Recoleta (Buenos Aires, Argentina)

Hay entre nosotros un argentino que desde hace años no falta a ninguna de las convocatorias de los jueves. De verbo fácil y muy leído, es un placer escucharlo, ya nos hable de cementerios famosos o de pequeños camposantos perdidos en la pampa, interrumpiéndose solo en el momento en que se detiene a libar un poco de mate. Del cementerio de Chacarita nos ha hablado tres veces y de la Recoleta otras tres. Entre ellas la que, a continuación, voy a intentar recordar. La historia que nos narró se la había explicado un sepulturero que había sido su compañero de infancia en el barrio de San Telmo.

Ese día nos dijo que hay en el centro del cementerio de la Recoleta una torre metálica, pintada de color verde oscuro. En su parte

205

inferior se halla un nicho vidriado en cuyo interior se puede ver una urna de bronce. Dicha urna está realizada con el metal de un cañón de la guerra de la independencia de Argentina, y dentro contiene los restos del prócer de la patria, el almirante Brown. Si se mira con detenimiento, a través del vidrio se puede distinguir detrás de dicha urna otra más pequeña, de bronce también, que contiene los restos de la hija del almirante, Elisa Brown.

Elisa era la hija mayor, la preferida, del almirante irlandés Guillermo Brown. Era una hija modélica, a todas las horas del día se la veía pendiente de su padre con tanta dedicación que no le importaba hacer funciones de asistente personal redactando y pasando a limpio comunicados y partes de guerra.

A los 16 años, la muchacha se enamoró de un joven escocés de gran proyección en el Ejército, el comandante mayor Francis Drummond. Ese apuesto militar del que se había quedado embelesada se incorporó a la escuadra argentina que comandaba el padre de Elisa, de quien se ganó el respeto demostrando su valor y arrojo en las batallas navales de la guerra que Argentina mantuvo contra Brasil. Asentado en Buenos Aires, frecuentaba la hacienda del almirante, donde se veía a diario con Elisa.

Los dos jóvenes se comprometieron y no se demoraron en cerrar la fecha de la celebración de la boda para dos días después de la festividad de Navidad de 1827, dos meses después de haber cumplido los 17 años.

Contaba con tanta fluidez y elegancia la historia de amor de Elisa y Francis que nos habíamos olvidado de que estábamos allí para hablar de cementerios.

Cuando faltaban ocho meses para la celebración del enlace, Francis participó en el combate naval de Monte Santiago y ese día de abril fue herido de muerte.

El almirante Brown, enterado de lo que le había ocurrido, aprovechó la oscuridad de la noche para aproximarse hasta el barco en que Francis se moría y consolarle en sus postreros momentos de vida. Las últimas palabras que pronunció el joven militar antes de morir fueron: «La vista se me nubla, no veré más las montañas de Escocia. Reciba mi reloj, para que se lo envíe a mi madre y este anillo de compromiso se lo entregará a mi amada Elisa».

El propio almirante fue quien decidió darle la triste noticia a su hija y le hizo entrega del anillo nupcial. Elisa lo recibió sin derramar una sola lágrima.

A Francis Drummond lo enterraron en el cementerio británico del Socorro, en Buenos Aires. Durante el sepelio, Elisa tampoco lloró, había sido educada de un modo castrense en el que la muerte era parte del oficio militar.

Un terrible drama se produjo ocho meses después de la muerte de Francis. Elisa, de 17 años, se ahogó en un canal, delante de su hermano menor, que no pudo hacer nada para socorrerla. Hay una leyenda que dice que Elisa se suicidó vestida con su traje de boda, internándose en las aguas, por el dolor que le produjo la pérdida de su prometido. La leyenda se desmorona cuando Eduardo, el hermano menor, dio su testimonio de que Elisa no tenía puesto el vestido de novia y que fue un accidente al internarse en una zona de remolinos sin intención de suicidarse. La ficción, al considerarse más romántica que la realidad, es la que ha prevalecido. Lo que sí se sabe es que esa desgracia ocurrió un 27 de diciembre de 1827, el mismo día que había sido señalado para casarse con su prometido. Fue enterrada en el cementerio protestante del Socorro, a pocos metros de la tumba de su gran amor. Volvían a estar los dos cuerpos muy cerca el uno del otro.

Treinta años pasaron desde la muerte de Elisa hasta el fallecimiento de su padre. El almirante Brown había dejado escrito que a su muerte quería que su querida hija descansase en su misma tumba en el cementerio de la Recoleta. Siguiendo sus órdenes, el cuerpo de la muchacha tuvo que ser trasladado desde el cementerio británico al de la Recoleta. De esa forma la separaban de la compañía de su amado Francis.

En ese punto es cuando hizo acto de presencia el sepulturero, su amigo del barrio de San Telmo. Fue él quien puso el punto final, al ser quien le contó que el día del traslado de los restos de Elisa a su nuevo emplazamiento se habían desenterrado dos ataúdes. Todo hace suponer, o quiere hacer suponer, que en el segundo féretro se hallaban los restos de Francis Drummond y que la compasión de alguien dispuso unir a los enamorados para la eternidad.

No sé el motivo por el cual ese día, al llegar a casa, leí el final del magistral cuento «Emma Zunz» de Jorge Luis Borges: «La historia era increíble, en efecto, pero se impuso a todos, porque sustancialmente era cierta... Solo eran falsas las circunstancias...».

36. Cementerio de Camperdown (Sídney, Australia)

Hay entre nosotros uno que lleva perilla, lo que le da una edad indefinida. Antes de empezar a hablar mira siempre hacia arriba de un modo que se diría que anda buscando en el techo las palabras exactas con las que debe comenzar a hablar. Sujeta una pipa con relativo desdén y, aunque la lleva cargada de tabaco nunca la enciende, ya que está prohibido fumar en el local. Fiel seguidor de Poe, de Lovecraft y, sin objeción, de la novela *Drácula*, siempre que le toca el turno nos cuenta sobre cementerios que contengan misterios. Los fantasmas que deambulan por ellos son su tema predilecto, por eso sus charlas tienden a ser las más cortas, porque —en general— le prestamos menos atención que a las demás.

Aquel jueves, después de su consabida contemplación del techo, el tertuliano empezó a contar la historia de Hannah, quien —según pudimos enterarnos— era la esposa de Thomas Watson, capitán del puerto de Port Jackson. La tal Hannah mantenía una relación extraconyugal con John Steane, capitán retirado de la Marina Real británica. Watson, al descubrir la infidelidad de su esposa, como suele ocurrir en estos casos, maldijo a los amantes y juró que se vengaría de la afrenta. Hannah, que conocía el carácter sanguinario de su esposo, escribió a toda prisa una carta a Steane rogándole que no regresara a Sídney, porque de hacerlo su vida correría peligro. La carta no salió de Port Jackson porque Hannah Watson —desconocía nuestro tertuliano la grave enfermedad que padecía— murió. Fue enterrada en el cementerio de Camperdown en Sídney. Su amante, John Steane, que desconocía su muerte, tomó el buque Dunbar para reunirse con ella. La doble fatalidad hizo que solo sobreviviera unos días a Hannah. El barco en que iba a la búsqueda de su amada era el desafortunado Dunbar que naufragó una noche de mediados de agosto de 1857. De los ciento veintidós pasajeros que viajaban, solo hubo un sobreviviente.

El cuerpo de John Steane fue uno de los pocos que se recuperaron que se mantenía intacto, dijo sin apartar la pipa de la boca, mientras con parsimonia sacaba de su bolsillo interior de la chaqueta un trozo de diario que por el color sepia demostraba su antigüedad, y nos lo leyó después de aclarar que era la información sobre el naufragio de un diario australiano de finales de agosto: «El funeral por los náufragos del Dunbar fue inmenso. Hubo siete coches fúnebres, el último con el cuerpo del capitán Steane, oficial naval retirado, custodiado por la policía montada. La marcha fúnebre sonó al inicio de la procesión, el 25 de agosto de 1857. Una hora después del atardecer, llegó al cementerio con miles de personas presentes, entre las que se hallaba el único superviviente del terrible hundimiento».

Lo que no indicaba la noticia es que el capitán Steane fue enterrado en un lugar destinado a los muertos en el hundimiento del Dunbar y la casualidad, caprichosa siempre, hizo que por ese motivo su tumba se encuentre a solo unos metros del lugar donde Thomas Watson había enterrado días antes a su esposa Hannah.

A todos cuantos estábamos escuchando nos sorprendió que no hubiera metido con calzador en la narración elementos fantásticos e irreales, pero de pronto la situación se torció, cuando empezó a contar que se afirma que Hannah Watson había sido vista emergiendo de su tumba en la forma de una dama gris fantasmal. Continuó explayándose, diciendo que esa figura espectral se deslizaba lentamente hacia la tumba de su antiguo amante para reunirse con él. En ese momento en que imaginamos lo que podía venírsenos encima, decidimos, con el mayor tacto posible, interrumpirlo y dar paso a que otro contertulio nos contase una nueva historia completamente diferente.

Anoté en mi cuaderno un par de datos que consideré de interés y en honor al tertuliano admirador de *Drácula* escribí también un párrafo de la novela de Bram Stocker: «He cruzado océanos de tiempo para encontrarte».

37. Cementerio de Evergreen (Brooklyn, Estados Unidos)

El más joven de los que intervienen en las charlas es en quien tenemos depositadas esperanzas de que transmita continuidad a la asociación. Vino apadrinado por su abuelo nada más cumplir los 20 años y desde entonces, ya desgraciadamente sin su abuelo, se ha convertido en un imprescindible compañero de pasión. De su abuelo heredó un buen número de esquelas que se ha preocupado en aumentar. Algún jueves suele traernos alguna de su colección para solaz y diversión de todos y de ese modo demostrar que a veces el humor no está reñido con la muerte.

Es este joven amigo de todo lo que tenga que ver con Estados Unidos y un buen día nos contó la historia de un comerciante de Brooklyn, Jonathan Reed. Sentía el comerciante una gran devoción por su esposa Mary. Cuando ella falleció en 1893, compró un mausoleo en el cementerio de Greenwood, Brooklyn, donde fue enterrada. Jonathan no se privó de colocar al costado de la difunta un ataúd vacío en el que quería ser depositado el día que le llegara el momento.

«Lo que les cuento está sacado de informaciones que he ido indagando en ratos libres»: comenzó de ese modo a darnos una docta charla. Y nos facilitaba datos que había conseguido recurriendo a la hemeroteca de *The New York Times*. Así es como se enteró y así nos hizo saber que Jonathan Reed amuebló el mausoleo como si fuera la sala de estar de una casa elegante. No faltaba nada, incluso colocó en un rincón una estufa de aceite. Llenó las paredes de copias de pinturas famosas. Un carrillón en perfecto estado de conservación marcaba y hacía sonar las horas. Y en un álbum se conservaban fotos de Mary que comprendían desde su infancia hasta su muerte. También podía observarse un bastidor que era en el que bordaba antes de que la muerte se la llevara. Destacaba entre lo demás un loro que volaba a sus anchas por todo el mausoleo, y que cuando murió, fue disecado y dejado como una reliquia junto al sepulcro de Mary.

Cada mañana, sin excepción, Jonathan llegaba puntual a la hora en que se abría el cementerio. Iba directo a la sepultura de su esposa y la saludaba siempre con la misma frase: «Buenos días, Mary, he venido a pasar el día contigo».

Después, permanecía al lado de la tumba todo el día, hablando con Mary de nimiedades, comiendo en la vajilla nupcial y leyéndole la prensa en voz alta para que la difunta esposa pudiera enterarse de lo que ocurría en el mundo de los vivos. Así, día tras día, hasta que se veía obligado a irse por la noche y se despedía de Mary hasta la mañana siguiente.

La noticia de esas visitas de Jonathan Reed comenzó a correr de boca a boca por todos los rincones de Nueva York, y pronto empezaron a presentarse personas que querían compartir unos minutos dentro del mausoleo acompañando a Jonathan y a la difunta Mary. Siete mil personas lo visitaron el primer año. A partir de entonces, empezaron a recibir invitados de todo el mundo. Una de las visitas más curiosas fue la que hicieron siete monjes budistas llegados exprofeso desde Birmania, convencidos de que Jonathan Reed sabía algo sobre la vida después de la muerte. Otra de las curiosidades es que cada vez más mujeres intentaron ponerse en contacto con el viudo y le hacían proposiciones para vivir a su lado. Jonathan las rechazó todas, justificándose en que había prometido no abandonar jamás a su esposa. Además, insistía en que Mary no estaba muerta; simplemente había perdido el calor del cuerpo. Estaba convencido que si mantenía el mausoleo caliente, seguiría durmiendo en paz y se despertaría en cualquier instante.

Durante más de diez años, Reed no faltó ni un solo día a visitar a su esposa. Todo terminó en 1905, cuando a la hora de cerrar el cementerio los vigilantes del recinto, haciendo su ronda diaria, hallaron a Jonathan tumbado sobre el frío suelo del mausoleo. Tenía los brazos extendidos hacia el sepulcro de Mary, como si quisiera meterse dentro para abrazarla. Tras morir de un derrame cerebral, a Reed lo enterraron junto a su amada esposa, y la tumba finalmente fue cerrada. El joven tertuliano acabó contando que había realizado gestiones para entrar en el mausoleo de Jonathan y Mary, pero le resultó imposible porque los encargados del cementerio le habían dicho que la llave llevaba más de un siglo desaparecida.

Ese final me hizo acordarme del escritor francés François de la Rochefoucauld, quien con precisión dejó impreso: «La ausencia acaba con las pasiones mediocres y aumenta las grandes, así como el viento apaga las bujías y aviva el fuego».

38. Cementerio Acatólico de Roma (Italia)

Entre los integrantes del grupo de los jueves hay otra mujer. Es unos años mayor que la que le he contado que nos proporcionó la desconocida historia del brezo. No hay velada en que no llegue repeinada como si esa misma tarde hubiera estado en la peluquería para estar impecable en la reunión. Viste muy elegante, como si en lugar de asistir a una humilde tertulia fuera a un estreno de postín o a una cena de gala. En algunas ocasiones viene acompañada de una sobrina que pocas veces pronuncia palabra, pero mueve la cabeza asintiendo a todo cuanto explica su tía como si ella la hubiera acompañado en esos viajes.

En su hablar es parsimoniosa, y siempre deja bien patente su amor por Roma, aprovechando, como lo hago yo en mi caso con París, para contar anécdotas relacionadas con los cementerios de esa ciudad. En la ocasión que voy a plasmar, nos habló de lo que había visto en el cementerio protestante de la Ciudad Eterna. La historia era conocida por todos los presentes, pero manifestamos nuestro saber estar al no decírselo.

Nos contó que a finales del siglo XIX, el matrimonio Story residía en Roma. William Wetmore Story fue un escultor y poeta bastante famoso en vida. Su matrimonio era envidiado, una unión maravillosa que duró más de cincuenta años. El 7 de enero de 1895, su esposa Emelyn Story falleció a los 74 años.

«Como es de imaginar, William Story estaba sumido en el dolor», siguió contando después de dar un sorbo a la copa de vino rosado de aguja que tiene por costumbre tomar. Su angustia era tan profunda, tan intensa y tan atormentada, que lo único que podía hacer era buscar consuelo en su trabajo como escultor. Trabajaba y trabajaba con el objeto de olvidar. De inmediato comenzó a trabajar en un monumento para ella, buscando el cuerpo de su esposa en el interior de la piedra. Quería entregar todo su ser a su obra como expresión de su eterno amor por la persona que había adorado.

Cinceló el bloque de mármol día y noche. Trabajó con todas sus energías, sin descanso. Nueve meses después de empezada, terminó su obra. Le dio el nombre de *El ángel del dolor que llora sobre el altar desmantelado de la vida*. Ese largo título describe a la perfección la forma modelada. En la escultura se ve arrodillado a un ángel abatido que arropa el sepulcro con sus inmensas alas totalmente caídas. Las flores que llevaba para colocar en la tumba están caídas sobre el piso. El ángel, sin poder evitar el llanto, se cubre la cara con uno de sus brazos.

Emelyn había muerto a primeros de enero de 1895. Nueve meses tardó William en realizar la escultura —es decir, en septiembre—, y el 7 de octubre de ese mismo año, como si tuviera prisa por reunirse con ella después de terminar el más importante de sus trabajos, William Wetmore Story murió. Cuando nuestra conferenciante acabó la ponencia, su sobrina suspiró mientras su tía añadía que Emelyn y William desde entonces descansan juntos, arropados por el ángel del dolor en el Cementerio Acatólico de Roma, y añadió como punto final una frase de William Wetmore Story: «De toda obra noble, la parte silenciosa es la mejor; de toda expresión, la que no se puede expresar».

39. Cementerio de Bellu (Bucarest, Rumania)

Entre los asistentes a la tertulia contamos con un actor que años atrás alcanzó una relativa popularidad al intervenir en una serie de televisión que gozó de mucha audiencia. Ahora, en cambio, está bastante olvidado, pero aun así no pierde la esperanza de regresar a sus tiempos de gloria. En las muchas entrevistas que le realizaron las revistas en sus años de fama, nunca leí que comentara su pasión por los cementerios. No suele faltar nunca a nuestros encuentros y lo que más le atrae es contarnos historias trágicas que llevan a pensar que son las que desearía interpretar en el escenario. Ese es el motivo por el que siempre busca las más insospechadas y que posean un mayor toque dramático, por eso selecciona amores desgarrados que conducen al drama.

«El cementerio de Bellu está situado sobre un huerto de naranjos propiedad de la familia Bellu, de la que tomó su nombre», comenzó diciendo con voz profunda y con el convencimiento de que todos conocemos dónde se halla el cementerio y quiénes formaban la familia Bellu.

Al darnos ese dato, nos miró para estudiar la expresión de nuestras caras y deducir si conocíamos la existencia de ese cementerio. La mayoría, creo que todos, sabíamos que el cementerio de Bellu estaba en Bucarest, pero poca cosa más. Ahorrándose explicaciones, continuó diciendo que hay un callejón en el interior del cementerio al que llaman de los Artistas y es uno de los lugares más señalados y visitados. Sin abandonar el tono impostado de su voz, como para prepararnos para lo que nos esperaba, comentó que hay una escultura en el cementerio de una joven postrada en una cama, y a su lado una persona mayor de nombre Constantin Poroineanu. «Lo que a continuación les voy a contar es lo ocurrido a esa persona que, a finales del siglo XIX, era uno de los terratenientes más ricos del país. Por sus méritos en el plano político, social, cultural y su gran labor filantrópica, Poroineanu fue distinguido con el rango de comendador en las órdenes más importantes de Rumania.»

A continuación de esta exposición de méritos del personaje en cuestión, nos reveló que completó sus estudios en París. El actor modulaba la voz cambiando entonación y registros para seguir explicando que, durante su etapa de estudiante, Constantin mantuvo un romance con una bella parisina, a pesar de estar casado en Bucarest e incluso de tener un hijo, Sergio. Este añadido en ese momento no levantó la expectación que más adelante iba a provocar.

Años después, Sergio, el hijo de Constantin, también fue enviado a París para completar sus estudios, y allí, tal como le había pasado en su día a su padre, se enamoró de una mujer francesa con la que se casó y decidieron ir a vivir a Rumania.

Constantin, cada vez que miraba a chica francesa, sentía un pálpito extraño. Su hijo y su nuera se parecían mucho en su forma de ser y también físicamente, y lo que más le sorprendía es que los dos tenían los rasgos calcados a los suyos. Empezó a recopilar datos y lo que acabó saliendo a la luz fue demasiado doloroso para todos: los dos recién casados eran hermanos. Su nuera era producto de un romance parisino de Constantin. ¡Qué golpe de efecto nos había proporcionado el actor! Nos dejó a todos boquiabiertos, sin saber si aplaudir o soltarle «bravos» hasta medianoche.

Lo que siguió fue que los dos hermanos no pudieron soportar esta realidad y decidieron quitarse la vida. Fueron al parque que su padre había donado al ayuntamiento años atrás y allí el joven disparó a su esposa y luego se suicidó. Su padre, desolado, hizo testamento dejando su patrimonio familiar a la comunidad y, al día siguiente, acabó con su vida ahorcándose también en el mismo parque, el 15 de septiembre de 1908.

El dramatismo que había empleado para relatarnos las muertes hizo que todos los que escuchábamos el soliloquio sintiéramos como si las tres muertes se hubieran realizado delante de nuestros ojos sin haber sido prevenidos.

La escultura de la tumba que se puede ver en el cementerio de Bellu representa a la joven hija de Constantin tumbada en una cama, previsiblemente muerta, mientras este de rodillas apoya inconsolable la cabeza al lado de la joven.

Nuestro compañero actor terminó su explicación añadiendo que había muchas cosas más que ver en el cementerio de Bellu, nombrando, por ejemplo, a la Dama del Paraguas, pero esa ya era otra historia, porque al no parecerle de interés y difícil de interpretar, prefirió callarla y aún hoy la desconocemos.

Tomé mi cuaderno y escribí una máxima del escritor Walter Scott que sin esperarla me vino a la cabeza: «La muerte no es el último sueño, es el último despertar».

40. Cementerio de los Reyes (Ginebra, Suiza)

Hay jueves en los que yo también intervengo compartiendo historias. Uno de esos días, a finales del 2016, me dispuse a hablar de algo que me había sorprendido cuando estuve en Ginebra, en el cementerio de Plainpalais, más comúnmente conocido como el cementerio de los Reyes. El resto de los miembros de la asociación me miraron con escepticismo, pensando que quizá lo que fuera a contarles ya lo conocían. Este cementerio les resultaba muy familiar, por lo que no era descabellado pensar que la mayoría, por no decir todos, lo habían visitado en alguna ocasión.

Empezaron a prestar mayor atención cuando comencé explicarles que el mes anterior, debía de ser noviembre, había visto una tumba muy peculiar que se hallaba incrustada en la tierra. Sus medidas rondaban los cincuenta centímetros de ancho por un metro de largo, a lo que añadí, pues me había informado, que tenía otros cincuenta centímetros de profundidad. Les remarqué que la particularidad más sobresaliente de la tumba era que poseía una ranura en su losa que le hacía asemejarse a un buzón de correos. La curiosidad que me produjo la visión aumentó al no figurar ningún nombre propio en la lápida, que en cambio sí llevaba un epitafio: «Aquí reposan los secretos de los paseantes del cementerio de los Reyes».

Intrigados, prestaban atención, y más cuando les informé de que la función de la ranura era la de servir para introducir notas y que ese improvisado sepulcro formaba parte de una exposición de la artista francesa Sophie Calle que recibía el nombre de «Open End».

¿Que qué tiene de romántico lo que le cuento? Quizá nada, aunque estoy convencido de que la mayoría de notas introducidas por esa pequeña rendija en esa tumba de granito son misivas de amor destinadas a quienes ya no están a nuestro lado y nunca dejaremos de amar. No pude resistirme a introducir una cuartilla plegada en la que había redactado unas líneas a mi esposa, al estilo de las que escribí en el cuerpo de yeso de Vanushka en el cementerio de Quetzaltenango.

La tumba seguirá instalada en su ubicación actual hasta el año 2036. En esa fecha lo que ha nacido siendo una obra de arte pasará a convertirse en un recipiente donde se habrán acumulado los pensamientos más íntimos de miles de personas. Los responsables de la propuesta se han comprometido a no desvelar nunca el contenido de las notas que sean depositadas. Esa sepultura es lo más parecido a un confesionario donde los pecados esperan ser diluidos tras ser contados.

Con esa reflexión de estar por casa terminé mi corta exposición a la que siguió una división de opiniones, aunque la mayoría aprovechó para tomar cuatro notas en sus cuadernos por, si antes del 2036, deciden viajar a Ginebra y dejar sus escritos en el curioso sepulcro sin muerto.

Y con mi pensamiento en el cementerio de Ginebra y de la nota que metí por la rendija de la tumba de los secretos, recordé una vez más a Gustavo Adolfo Bécquer:

Cuando mis pálidos restos
oprima la tierra ya,
sobre la olvidada fosa,
¿quién vendrá a llorar?

216

Sugerencias

Película: el filme que le voy a aconsejar se llama *Despedidas*. Es una producción japonesa dirigida por Yōjirō Takita en el año 2008. Si está en mis recomendaciones es porque tiene como escenario central una funeraria y todo lo relacionado con la forma que tiene la cultura japonesa de entender la muerte y la despedida. La trama se centra en un joven que trabaja como preparador de cadáveres, y el cementerio juega un papel importante en la historia. Entre otros muchos galardones, sobresale el Óscar a la mejor película extranjera del 2009.

Pintura: más que de un cuadro, le voy a hablar de un género: el *kusōzu*. El *kusōzu* son una serie de acuarelas tradicionales japonesas que ganaron popularidad entre los siglos XIII y XIX. Las pinturas representan imágenes gráficas de la muerte y de la decadencia del cuerpo. Estaban destinadas a alentar a las personas a reflexionar sobre la naturaleza temporal del mundo físico. La intención de estas obras no era crear miedo o tristeza, sino llamar la atención sobre la forma en que las cosas cambian con el paso del tiempo. En una sucesión de nueve imágenes, nos muestran la decrepitud humana desde la lozanía hasta la putrefacción.

Libro: el libro que destaco es de Henry James y lo escribió en 1903. Su título: *William Wetmore Story and His Friends*. ¡Sí, sobre el escultor de *El ángel del dolor* que se halla en el Cementerio Acatólico de Roma! James había conocido a Wetmore en la década de 1870 y, tras su muerte en 1885, la familia de este le encargó que escribiera una biografía del escultor. Henry James opinaba que no era relevante el valor artístico de Wetmore, así que prefirió concentrarse en charlar con sus amigos, que son los que llevan el peso del libro y proporcionan a este un carácter extraño y curioso. Debo ser honesto y decir que está muy por debajo de la producción media de James. Pero ya que le nombro el Acatólico de Roma, le incito a que se acerque hasta la tumba del joven poeta inglés John Keats para leer el epitafio grabado en su lápida: «Aquí yace uno cuyo nombre fue escrito en agua».

Canción: le animo a que escuche la canción «My Bonnie Lies over the Ocean», que como le he dicho cantan los niños ante la tumba sobre la que reposa un ramo de brezo en el cementerio de Chrissiesmeer. La versión de los Beatles no está nada mal, y posiblemente será una de las pocas que no conozca del conjunto de Liverpool.

Arte funerario: de obligada visita es el cementerio de Poblenou en Barcelona. Cuando esté dentro, vaya directo a *El beso de la muerte*. Una familia catalana, apellidada Llaudet, encargó una escultura funeraria para decorar la tumba de su hijo adolescente que había fallecido. El monumento representa de manera realista a un joven con los ojos cerrados recibiendo un beso de la mismísima muerte, un esqueleto alado que nos deja ver casi todos los huesos de la anatomía humana. La muerte no se presenta así de forma violenta, con su guadaña, sino que es amable y sensual. Casi roza el erotismo.

EPÍLOGO

Mi camino, querido amigo, está a punto de concluir. Tenga por seguro que también llegará para usted el día en que le tocará empujar la misma puerta que estoy a punto de cruzar. Prepárese para cuando le llegue ese momento de un modo sereno, sin añorar nada de lo que deje atrás, porque con nada es con lo que ha venido.

El día de su partida espero que usted y yo nos volvamos a reunir en el otro lado del espejo y le tocará ser quien deba informarme de cuanto ha acontecido en el mundo durante mi ausencia. De aquí a ese día, le ocurrirán buenos y malos momentos. Espero que los primeros muchos más que los segundos. Tendrá días alegres y también días tristes. La vida reparte las jornadas como un crupier distribuye las cartas sin saber si le ha dispensado reyes, sotas, ases o naipes sin ningún valor.

Cuando estemos juntos nuevamente, espero que me hable de los viajes que ha realizado y de las personas que le han hecho sentirse vivo. Le aconsejo que se emocione con los pequeños detalles que vaya encontrándose en el camino, es la mejor forma de plantar cara a la vida, y prepárese para la muerte. Piense que la grandeza es la acumulación de cosas pequeñas.

Le voy a ahorrar algo que seguro tenía pensado hacer cuando terminase de leer estas hojas. Estoy convencido, porque le conozco lo suficiente, que su primera idea será la de averiguar dónde me encuentro enterrado para ir a depositar en mi tumba unas flores en señal de duelo y respeto y, si es religioso, que lo desconozco, rezar una oración por mi eterno descanso.

Le ahorro ese recorrido, ya que por mucho que lo intente no

logrará encontrar mi tumba por ningún lado. No hay lápida que ofrezca mi nombre escrito ni cementerio que guarde mis huesos.

A la hermana sor Sagrario, que con tanta atención me ha cuidado en los últimos meses de mi vida, le he encargado una misión que estoy seguro que cuando usted esté leyendo estas páginas ya habrá cumplido. Le he rogado que vacíe, en la urna que contiene mis cenizas, las cenizas de mi esposa, que he guardado durante más de cuatro décadas. De esa forma volveremos a estar unidos. A continuación le he dicho, quizá suplicado, que vaya al puerto y se suba en la primera de las golondrinas que salga del Moll de les Drassanes y cuando lleve un cuarto de hora de trayecto deje caer, sin ser vista y cuidando la dirección del viento, la ceniza al mar para que mi esposa y yo naveguemos sin rumbo.

Si alguna vez tiene algún problema, vaya al puerto y mire al horizonte, a esa línea donde se funden el cielo y el mar del mismo modo que se unen la vida y la muerte. Allí, cerca de usted, estaremos mi esposa y yo para ayudarlo en todo cuanto desde el otro lado se nos permita.

Ya nada más tengo para contarle. Solo desearle que le queden muchos años de vida, pocas lágrimas que derramar y cientos de historias por contar.

Sinceramente suyo.

COLOFÓN

Terminados de leer los folios, los dejé con extremado cuidado sobre la mesilla de noche al lado de una jarra de agua medio llena y de una caja de pastillas para la presión arterial medio vacía. Apagué la luz de la habitación y se hizo la oscuridad.

Me quedé dormido recordando a quien desde hacía ya unos años consideraba mi amigo y pronuncié entre dientes el consuelo que dejó anotado san Agustín: «La muerte no es nada, solo he pasado a la habitación de al lado. Yo soy yo, vosotros sois vosotros. Lo que somos unos para los otros seguimos siéndolo».